TOBIAS FAIX, HEIKO METZ, ANDREAS SCHUSS (HERAUSGEBER)

Würdest du bei IKEA einkaufen?

Darum, wer diese meine Rede hört und tut sie, der gleicht einem klugen Mann, der sein Haus auf Fels baute. Als nun ein Platzregen fiel und die Wasser kamen und die Winde wehten und stießen an das Haus, fiel es doch nicht ein; denn es war auf Fels gegründet. Und wer diese meine Rede hört und tut sie nicht, der gleicht einem törichten Mann, der sein Haus auf Sand baute. Als nun ein Platzregen fiel und die Wasser kamen und die Winde wehten und stießen an das Haus, da fiel es ein und sein Fall war groß.

Matthäus 7,24–28 (Luther)

Wir sind ganz und gar Gottes Werk. Durch Jesus Christus hat er uns so geschaffen, dass wir nun Gutes tun können. Er hat sogar unsere guten Taten im Voraus geschaffen, damit sie nun in unserem Leben Wirklichkeit werden.

Epheser 2,10

Tobias Faix, Heiko Metz, Andreas Schuss
(Herausgeber)

Würdest du bei IKEA einkaufen?

4x3 Aktiveinheiten zur ganzheitlichen Nachfolge

NEUFELD VERLAG

Die Herausgeber verzichten auf ihr Honorar. Stattdessen geht ein Euro pro Buch an die Micha-Initiative, www.micha-initiative.de

Weitere Aktiv-Tipps und Erfahrungen, Links und Anregungen für Nachfolgerinnen und Nachfolger finden sich auf www.neufeld-verlag.de/blog

Die Deutsche Bibliothek verzeichnet diese Publikation in der Deutschen Nationalbibliografie; detaillierte bibliografische Daten sind im Internet über www.dnb.de abrufbar

Bibelzitate, soweit nicht anders angegeben, sind der *Gute Nachricht Bibel*, revidierte Fassung, durchgesehene Ausgabe in neuer Rechtschreibung, entnommen. © 2000 Deutsche Bibelgesellschaft, Stuttgart

Umschlaggestaltung: spoon design, Olaf Johannson
Umschlagbild und Abbildungen innen: © ShutterStock®
Satz: David Neufeld, Schwarzenfeld
Herstellung: Fuldaer Verlagsanstalt GmbH & Co. KG, Fulda

© 2009 Neufeld Verlag Schwarzenfeld
ISBN 978-3-937896-76-2, Bestell-Nummer 588 676

Nachdruck und Vervielfältigung, auch auszugsweise, nur mit Genehmigung des Verlages

www.neufeld-verlag.de

Inhalt

Die Herausforderung, Gutes zu tun   7
Einleitung: Die große Veränderung – vom Hören zum Tun   10
Jetzt geht's los!   14

1. *Gerechtigkeit leben*
   a) Würde Jesus bei IKEA einkaufen?   19
      oder: Würdest du bei IKEA einkaufen?

   b) Warum ich als Christ nicht für schönes Wetter beten darf   25
      oder: Wofür trage ich eigentlich Verantwortung?

   c) Begegnung mit Andy *oder:* Gottes Gerechtigkeit   30

2. *Glauben stärken*
   a) Let's talk about Jesus   39
      oder: Meine Sprachlosigkeit, wenn es um Jesus geht

   b) Spirituelle Magersucht *oder:* Wie ich gesund glauben kann   42

   c) Wer ist dein Herr? *oder:* McJesus   48

3. Leben teilen
- a) Salz und Licht *oder:* Strahlende Beziehungen 57
- b) Deutschland sucht den Superchrist 62
  oder: Die Kunst, Jesus zu lieben
- c) Die christliche Konsumgesellschaft *oder:* Neu teilen lernen 67

4. Gemeinsam folgen
- a) Spiritualität *oder:* Ganzheitlich glauben lernen 77
- b) An welchen Jesus glaubst du? *oder:* Jesus neu sehen lernen 81
- c) Neumer und Ort – Eine Kurzgeschichte 85
  oder: Warum Christen ein Leib sein sollten ...

Am Ende ein Anfang 91
We proudly present 93
Die Herausgeber 94
Quellen und Literatur 95

Die Herausforderung, Gutes zu tun

Es gibt Bücher, über die freue ich mich, weil sie mir gut tun, weil sie Balsam sind für die Seele oder einen gewissen ästhetischen Anspruch haben. Ich liebe solche Bücher.

Dieses Buch gehört allerdings nicht zu dieser Kategorie. Es ist ein Aktivbuch, ein Buch, das herausfordern möchte und das einlädt, auf dem Weg der Nachfolge mitzugehen. Seine wohltuende Wirkung trifft oftmals mit Verzögerung ein. Dabei ist mir durchaus bewusst, dass wir uns den Himmel nicht durch Taten verdienen können. Und darum geht es in diesem Buch auch gar nicht. Vielmehr geht es darum, wie sich unser Christsein im Alltag zwischen Familie, Beruf und Gemeinde ausdrückt. Ganz praktisch und ganzheitlich.

Mit Jesus hat das Reich Gottes begonnen, welches sich seither unter uns Christen ausbreitet und durch uns sichtbar wird. Da gibt es viel Schönes zu sehen, Christen haben vieles auf dieser Welt entwickelt und geprägt und so Gott die Ehre gegeben. Aber manchmal, so ist es jedenfalls bei mir, ist von der Herrlichkeit des Reiches Gottes nicht so viel zu sehen und zu spüren.

Um diesen Nachfolgeprozess zwischen der Herrlichkeit Gottes und der Schwerkraft des Alltags geht es in meinem Buch *Würde Jesus bei IKEA einkaufen? Herausforderungen zur ganzheitlichen Nachfolge*. Ich beschreibe darin verschiedene Bereiche der Nachfolge und auch die Schwierigkeiten, die ich damit habe. Ehrlich und auch herausfordernd, so wie ich es selbst erlebe. Damit können sich anscheinend viele identifizieren, was mich natürlich freut: Noch nie habe ich so viele Briefe, E-Mails und Anrufe erhalten wie auf dieses Buch. Viele der Reaktionen waren sehr positiv und ermutigend und haben mich in meiner Nachfolge weiter vorangebracht. Aber es gab auch ärgerliche Reaktionen, vor allem zu dem Text: »Warum ich als Christ nicht für schönes Wetter beten darf«. Da habe ich wohl in ein »individualistisches Wespennest« gestochen. Gut, dass der Text in diesem Buch noch einmal aufgenommen wird (siehe Seite 25). Es lohnt sich, sich darüber aufzuregen!

Wie es zu diesem Buch kam

Vor ein paar Monaten las ich gerade einen ausführlichen Brief einer jungen Frau, die sich über besagtes Kapitel aufregte, als mein Kollege Andi Schuß zur Tür herein kam. Ich las ihm einen Briefabschnitt vor und wir kamen darüber ins Gespräch. Andi erzählte, dass sie das Buch mit Gewinn in ihrem Hauskreis lesen würden und auch andere Kreise in seiner Gemeinde sich damit beschäftigten. Das freute mich natürlich. Aber diese Freude währte nur kurz, denn dann meinte Andi trocken: »Toby, das Buch allein reicht nicht für einen Hauskreis. Die Leute brauchen Impulse, wie sie das Ganze praktisch umsetzen können, sonst nützt das nichts.«

Da saß ich nun und wusste, dass mein Kollege recht hatte. Und er hatte auch gleich einen Vorschlag: »Du musst zum ›IKEA-Buch‹ ein Aktivbuch schreiben!« Ich überlegte kurz, fand den Vorschlag eigentlich ganz gut – und drehte den Spieß um: »Wie wäre es, wenn du das Buch schreibst? Ihr lest es doch gerade als Hauskreis!« Wie das im Leben so ist, fanden wir einen Kompromiss: Wir machen es gemeinsam und nehmen uns noch einen Kollegen dazu, nämlich Heiko Metz. Und weil uns das immer noch nicht genug erschien, haben wir noch 23 unserer Studierenden hinzu gebeten, so dass es tatsächlich eine sehr bunte, vielfältige und spannende Buchaktion wurde!

Dieses Buch entstand jedoch nicht nur am Schreibtisch, sondern wir haben die praktischen Tipps gleich selbst ausprobiert. Wir wollten aktiv werden und nicht nur darüber schreiben. Und wir haben gemerkt, dass genau das den Unterschied macht: Es fällt uns vergleichsweise leicht, über Gerechtigkeit und Teilen zu predigen. Aber es ist viel schwerer, das praktisch umzusetzen. Vieles in diesem Buch ist deshalb nicht neu, darum geht es uns auch gar nicht. Sondern es geht darum, dass wir Jesus im Alltag ganzheitlich nachfolgen. Wie sagte Erich Kästner so schön: »Es gibt nichts Gutes, außer man tut es.«

In der längsten Predigt von Jesus, der Bergpredigt (Matthäus 5–7), in der er seinen Nachfolgerinnen und Nachfolgern erklärt, wie sein Reich praktisch aussieht und wie man die neue Gerechtigkeit leben kann, schließt er mit dem entscheidenden Satz: *Wer diese meine Rede hört und tut.* Das letzte Wort verschlucke ich manchmal im Gefecht des Alltags. Dabei ist es wichtiger, besser zu leben, als alles besser zu wissen.

Um ehrlich zu sein, Andi, Heiko und die Studierenden hatten die meiste Arbeit mit diesem Buch. Ich habe den Prozess ein wenig begleitet, manches mit ausprobiert und ab und zu eine Idee eingestreut. Aber ich freue mich sehr über das Ergebnis und hoffe, dass es tatsächlich hilft, das Reich Gottes mitten unter uns sichtbar zu machen. Wir alle hinterlassen Fußspuren ...

Tobias Faix, Marburg

Einleitung: Die große Veränderung – vom Hören zum Tun

Seid aber Täter des Worts und nicht Hörer allein; sonst betrügt ihr euch selbst.
Jakobus 1,22 (Luther)

Wer Ohren hat und hören kann, soll hören« hat Jesus gesagt. In diesem Sinne zu hören bedeutet mehr, als nur etwas wahrzunehmen. Es bedeutet, dass man darüber nachdenkt und dann auch etwas tut. Vielleicht hast du bereits das eine oder andere herausfordernde Buch über Nachfolge gelesen, zum Beispiel *Würde Jesus bei IKEA einkaufen?* von Tobias Faix. Über manche in diesen Büchern angesprochenen Themen haben wir uns gefreut (»Das wurde ja auch mal Zeit, dass jemand darüber schreibt«), über andere Gedanken haben wir uns geärgert (»Das stimmt aber so nicht! Das ist zu einseitig«) und über manchen Zwischenruf sind wir ins Nachdenken gekommen (»Aus der Perspektive habe ich das bisher noch nie gesehen«). Doch hat irgendein Aspekt dieser Bücher dich dazu bewegt, nicht nur dein Denken, sondern auch dein Handeln zu ändern?

Es scheint uns, als ob viele Christen – uns eingeschlossen – dazu neigen, Bücher zu lesen und dabei als wertvoll und richtig befundene Passagen im Kopf abzuspeichern. Nachhaltige Konsequenzen und Verhaltensänderungen werden jedoch verdrängt. Wie kommt das? Warum fällt es uns so schwer, mit unserem Kopfwissen »runter vom Sofa« hinein in den Alltag zu kommen? Weil wir Angst vor Veränderung haben? Weil man uns zwar beigebracht hat, was Christen *glauben,* aber nicht, was sie *tun?* Weil wir lieber zuhören als mitmachen? Weil wir vergessen haben, dass Christsein ein Lebensstil für den Alltag ist? Weil die Änderung von langjährigen Denk- und Handlungsmustern eine große Aufgabe und Herausforderung darstellt? Weil wir mit christlicher Spiritualität Zurückgezogenheit, Einkehr und Meditation verbinden und den ganzheitlichen Aspekt vergessen haben?

All diese möglichen Ursachen sollten uns nicht davon abhalten, an dem lebensverändernden Projekt ganzheitliche Nachfolge dranzubleiben. In der Bibel finden wir einen Lösungsansatz, wie wir vom Hören zum Tun gelangen können. Herausfordernde Aufgaben und Projekte hat Gott bevorzugt von mindestens zwei Menschen erledigen lassen. Hier einige Beispiele:

- Projekt »Bebauen und Bewahren« – Adam und Eva
- Projekt »Exodus« – Aaron und Mose
- Projekt »Umkehr zu Gott« – Jeremia und Baruch
- Projekt »Reich Gottes« – 12 Jünger/Apostel zu zweit unterwegs
- Projekt »Verbreitung des Evangeliums« – Paulus und Barnabas, Paulus und Lukas etc.

Wir alleine tun uns – wie wir bereits festgestellt haben – schwer, unseren Glauben und unseren Lebensstil zu verändern. Vielleicht fangen wir enthusiastisch an, doch nach einigen Wochen geben wir resigniert auf. Wir Herausgeber sind der Ansicht, dass Lebensveränderung am leichtesten in einer Gemeinschaft geschieht. Das kann in der kleinen Gemeinschaft einer Ehe beginnen. Ebenso können Zweierschaften, Hauskreise oder wie auch immer geartete Kleingruppen solche Keimzellen von Veränderungsprozessen sein. Gott hat uns bewusst und nicht zufällig in eine Gemeinschaft von Christen – auch Gemeinde genannt – gestellt!

Zwei sind allemal besser dran als einer allein. Wenn zwei zusammenarbeiten, bringen sie es eher zu etwas. Wenn zwei unterwegs sind und hinfallen, dann helfen sie einander wieder auf die Beine. Aber wer allein geht und hinfällt, ist übel dran, weil niemand ihm helfen kann. Wenn zwei beieinander schlafen, können sie sich gegenseitig wärmen. Aber wie soll einer allein sich warm halten? Ein einzelner Mensch kann leicht überwältigt werden, aber zwei wehren den Überfall ab. Noch besser sind drei; es heißt ja: »Ein Seil aus drei Schnüren reißt nicht so schnell« (Prediger 4,9–12).

Denn wo zwei oder drei in meinem Namen zusammenkommen, da bin ich selbst in ihrer Mitte (Matthäus 18,20).

Hier wird deutlich, dass Gott großes Potenzial in Gemeinschaft gelegt hat. Gemeinschaft ist für uns Christen also das Hilfsmittel, um unseren Glauben zu leben und sich dem Veränderungsprozess »ganzheitliche Nachfolge« zu stellen. Aber haben wir nicht schon so viele Gottesdienste, Bibelstunden, Themen- oder Hauskreisabende besucht, dass wir längst in der Liga von Glaubenshelden wie David oder Mose spielen müssten? Selbstkritisch betrachtet, müssen wir zugeben, dass es mit der ganzheitlichen Nachfolge und einer jesusmäßigen Veränderung nicht so weit her ist. Müsste sich in unserem Leben nicht mehr verändert haben, wenn doch in der Gemeinschaft von zwei und mehr Christen so viel Potenzial steckt, vom Hören zum Tun zu gelangen?

Und wir wollen aufeinander Acht geben und uns gegenseitig zur Liebe und zu guten Taten anspornen. Einige haben sich angewöhnt, den Gemeindeversammlungen fernzubleiben. Das ist nicht gut; vielmehr sollt ihr einander Mut machen. Und das um so mehr, als ihr doch merken müsst, dass der Tag näher rückt, an dem der Herr kommt! (Hebräer 10,24–25).

Haben wir uns zu wenig zur Liebe und zu guten Taten angespornt? Haben wir einander zu wenig unterstützt und angefeuert? Wann hat dich dein Gottesdienst, dein Hauskreis oder Jugendkreis etc. zum letzten Mal dazu herausgefordert, etwas zu tun? Beschränken wir uns nicht oft auf Frage- und Antwortspielchen rund um einen Bibeltext, was mehr der Wissensvermittlung und kaum einer Umsetzung dient?

Damit wir nicht bloß theoretisch Fragen wie: »Wie kann ich Leuten von Jesus erzählen?«, »Wie kann ich meinem Nachbarn etwas Gutes tun?«, »Würdest du mit Jesus bei IKEA einkaufen?« bewegen; damit wir nicht beim Hören bleiben, damit wir die Angst vor Veränderung überwinden, damit wir ganzheitlicher leben und einander in dem Prozess der alltagsrelevanten Nachfolge unterstützen, darum haben wir uns gemeinsam mit Studierenden des Marburger Bibelseminars und der Evangelischen Fachhochschule Tabor Gedanken gemacht, wie wir vom Hören zum Tun gelangen können.

Wir wünschen dir, dass du beim Lesen dieses Buches immer wieder Jesus begegnest, dich neu hinterfragen lässt und das Ergebnis dann praktisch in deinem Leben umsetzt. In diesem Sinne hoffen wir auf eine inspirierende, herausfordernde und alltagsrelevante Zeit!

Ein sprachliches Experiment

In diesem Buch geht es häufig um Gerechtigkeit. Das hat auch etwas mit unserer Sprache zu tun, die oftmals stärker prägt, als wir wahrnehmen. Meistens steht am Anfang eines Buches der Hinweis, dass um der besseren Lesbarkeit willen auf weibliche Varianten verzichtet wird und sich Leserinnen mit eingeschlossen fühlen sollen. Frauen sind das gewohnt.

Aber wie würden wir Männer reagieren, wenn wir plötzlich nur weibliche Formen lesen würden: Würden wir uns auch mit eingeschlossen fühlen? Wohl kaum! Wir wagen mit den zwölf Einheiten in diesem Buch ein kleines Experiment und verwenden abwechselnd weibliche und männliche Varianten. Gerecht ist das auch nicht. Aber es hilft vor allem uns Männern, bewusster zu denken und zu reden. Für konstruktive Anregungen zu diesem wichtigen Thema sind wir sehr dankbar!

Jetzt geht's los!

Alles ist bereit. Ein Kreis voller potenzieller christlicher Nachfolgerinnen und Nachfolger, ein Aktivbuch – aber wie geht's jetzt los? Diese Frage haben sich 23 Studierende gemeinsam mit den Herausgebern dieses Buches gestellt. Herausgekommen sind keine fertigen Antworten, sondern ein Weg voller selbst erprobter und herausfordernder Aktiv-Tipps.

Mit diesem Buch laden wir dich ein, diesen Weg mitzugehen. Vielleicht ist hierbei ja sogar wirklich der Weg das Ziel. Aber halt – bevor du dich alleine auf den Weg machst, nimm lieber mindestens eine weitere Person mit. Denn die Erfahrung zeigt, dass sich manche Wege besser gemeinsam gehen lassen – das meinen wir wirklich ernst. Vielleicht bist du schon in einem Kreis engagierter Nachfolgerinnen und Nachfolger – Teenkreis, Jugendkreis, Hauskreis, Familie, Zweierschaft, Mütterkreis, Mitarbeiterkreis, Gemeindeleitung ... dann frag die anderen, ob sie diesen Weg gemeinsam mit dir gehen. Wenn du keine solche Gruppe hast, warum beginnst du nicht einfach selbst einen Kreis?

Wir haben dieses Buch in vier Kapitel unterteilt. Jedes betont einen Aspekt ganzheitlicher Nachfolge. In jedem Kapitel gibt es drei Einheiten. Wer das Buch *Würde Jesus bei IKEA einkaufen?* von Tobias Faix gelesen hat, dem dürften sowohl die Kapitelüberschriften als auch die Themen bekannt vorkommen. Das liegt daran, dass wir uns stark an dieses Buch anlehnen. Falls du es noch nicht gelesen hast, ist das nicht schlimm. Du kannst trotzdem mitmachen, weil keine Vorkenntnisse erforderlich sind.

Alle Aktiveinheiten sind nach dem gleichen Prinzip aufgebaut: Es geht los mit einem kurzen Einstieg ins Thema (den könnt ihr zum Beispiel gemeinsam lesen) und dann folgen jeweils drei Aktiv-Tipps:

Aktiv-Tipp 1 lädt euch ein, euch gedanklich tiefer mit diesem Thema zu beschäftigen.

Aktiv-Tipp 2 hilft euch dabei, etwas praktisch auszuprobieren.

Aktiv-Tipp 3 führt euch direkt zu einer herausfordernderen Nachfolgeerfahrung. Der »Schwierigkeitsgrad« steigt also von Aktiv-Tipp zu Aktiv-Tipp.

Natürlich reicht es vollkommen, eine solche Anregung pro Treffen anzugehen – die Reihenfolge spielt dabei keine Rolle. Lasst euch nicht entmutigen, wenn es mal nicht so klappt wie erhofft. Sondern packt es mutig noch mal an und steigert euch langsam. Einiges von dem, was wir dabei erlebt haben, findet ihr jeweils zu Beginn der Kapitel.

Genug der Vorrede: Runter vom Sofa! Vom Hören zum Tun – jetzt geht's los!

Tobias Faix, Heiko Metz und Andreas Schuß

Kapitel 1

Gerechtigkeit leben

»Wir stehen an einem der großen Wendepunkte der Geschichte. Die gegenwärtige Verteilung der Güter der Welt darf nicht länger anhalten. Sie wird es auch nicht. Denn entweder werden tapfere Vorkämpfer widerstrebende Nationen von der Notwendigkeit überzeugen können, die Güter dieser Erde gerechter zu verteilen, oder wir werden in eine Ära katastrophaler Konflikte weltweiten Ausmaßes geführt.
  Christen sollten zum Vortrupp gehören. Die Kirche Jesu Christi ist die am weitesten verbreitete Bewegung in der heutigen Welt. Alles, was zu tun ist, ist dies: dem einen, den wir anbeten, wirklich zu gehorchen.«
  Ronald J. Sider

Das haben wir erlebt

Einmal pro Woche muss es mindestens sein ... meine Frau und ich kaufen ein. Erst bei dem namhaften Discounter, wo es aldi guten Sachen gibt, und dann im örtlichen Rewe. Normalerweise kaufen wir nach Einkaufszettel ein – jeder hat mit der Zeit sein Spezialgebiet entwickelt, wo er die Lebensmittel zusammensucht (meine Frau in der Gemüseabteilung, ich beim Fleisch).

Doch dieses Mal ist das anders. Ich bleibe nämlich vor einem neuen Regal stehen: einem Regal mit *Fair-Trade*-Produkten. Kaffee, Tee, Schokolade, Kakao ... und die Erinnerung trifft mich wie ein Schlag: Haben wir uns nicht schon mehrfach mit dem Thema *Fair Trade* beschäftigt und uns fest vorgenommen, diese Produkte ab jetzt zu kaufen, weil zum Beispiel die Kaffeebäuerinnen einen fairen Preis für ihren Kaffee bekommen sollen, damit sie davon leben können? Haben wir es nicht schon mehrfach versucht, wirklich nur noch fair gehandelten Kaffee zu kaufen, und sind dann nach ein paar Wochen doch wieder in den alten Einkaufstrott verfallen, ohne es zu merken?

Aber – Rewe sei Dank – das hat sich nun geändert. Das *Fair-Trade*-Regal steht nah am Eingang, so dass wir dort jedes Mal vorbeikommen und so nicht mehr vergessen, fair gehandelte Produkte einzukaufen. Das hilft den Herstellern und wir haben auch ein gutes Gefühl dabei.

Zwar ärgere ich mich immer wieder über mich selbst, dass meine Erkenntnisse so selten in verändertes Handeln münden – auf der anderen Seite freue ich mich über einen Supermarkt, der meinem geistlichen Leben und Handeln auf die Sprünge hilft!

Heiko Metz

a) Würde Jesus bei IKEA einkaufen?
oder: Würdest du bei IKEA einkaufen?

Wohnst du in der Nähe eines IKEA-Einrichtungshauses? Wir schon. Weil ich verheiratet bin, wohne ich nicht nur in der Nähe, sondern befinde mich auch öfter einmal mittendrin. Während meine Frau dort Stunden oder sogar Tage zubringen könnte, kann ich mich weder für das »tolle Frühstück« noch die Kleinkram-Abteilung besonders erwärmen. Da gefiel mir beim Lesen von *Würde Jesus bei IKEA einkaufen?* diese Frage besonders gut und ich witterte die Chance, den samstäglichen IKEA-Ausflug theologisch in Frage zu stellen und damit zu umgehen. Was soll ich sagen? Es hat nicht funktioniert ... Doch die Frage beschäftigt mich trotzdem:

> *Wie bewusst lebe ich überhaupt? Interessiere ich mich nur für meinen Mikrokosmus oder schaffe ich es, einen Blick über den Tellerrand meiner eigenen kleinen Welt zu werfen? Wie gehe ich mit meinem Leben um? Wie verantwortlich bin ich und vor allem: Wofür habe ich Verantwortung? Für das, was ich täglich mache? Für mein Geld? Wie ich es ausgebe? Was ich kaufe? Was kaufe ich denn? Ist mir das überhaupt klar? Wen unterstütze ich mit meiner Kaufkraft und wen beute ich dadurch aus?* (Tobias Faix, *Würde Jesus bei IKEA einkaufen?* Seite 29)

Wenn ich mir all diese Fragen stelle, dann fällt mir auf, wie wenig Gedanken ich mir darüber beim Einkaufen bisher gemacht habe. Ich kaufe Dinge, weil ich sie brauche, weil sie schön, weil sie praktisch oder billig ... sind. Aber es sind Dinge. Die Menschen, die hinter diesen Dingen stehen – als Händlerinnen, Spediteurinnen, Arbeiterinnen etc. –, sind mir bisher kaum in den Sinn gekommen. Wenn mein Einkauf etwas damit zu tun hat, ob diese Menschen gute Lebensbedingungen haben oder ausgebeutet werden, dann will ich »richtig« einkaufen lernen. Und jetzt wird's erst richtig spannend:

- Woher weiß ich, welche Löhne den Arbeiterinnen gezahlt werden?
- Können günstige Preise nicht auch anders entstehen als durch Dumpinglöhne und Ausbeutung?
- Kann ich mir die örtliche Schreinerin überhaupt leisten und bezieht der sein Holz nicht wiederum von Firmen, die Menschen oder die Natur ausbeuten?
- Würde es überhaupt irgendetwas ändern, wenn ich bewusst (oder bewusst eben nicht) bei IKEA einkaufen würde?

Fragen über Fragen, auf die ich erst mal keine Antwort habe (und IKEA steht hier stellvertretend auch für Händlerinnen von Nahrungsmitteln, Textilien, Unterhaltungselektronik etc.). Fragen, die mir schnell das Gefühl geben: »Ich kann da sowieso nicht viel machen, schon gar nichts Richtiges. Das ist alles zu schwierig, zu komplex für mich.« Aber was, wenn ich mich mit diesem Gefühl nicht zufrieden geben will? Was, wenn ich irgendwo anfangen und wenigstens einen kleinen Schritt in Richtung »jesusmäßig« Einkaufen gehen will? Zwar scheint das gar nicht so einfach – aber nicht unmöglich. Starten könntet ihr zum Beispiel mit der Umsetzung der folgenden drei Aktivtipps.

Würde Jesus bei IKEA einkaufen? Keine Ahnung, ehrlich gesagt. Würdest du bei IKEA einkaufen? Mach dich auf die Suche nach deiner persönlichen Antwort ...

Kapitel 1: Gerechtigkeit leben

Aktiv-Tipp 1

Lest gemeinsam Matthäus 25,31–46 und macht euch Gedanken über folgende Fragen:

- Inwiefern haben die Armen, von denen Jesus hier spricht, etwas mit den Menschen in den Herstellerländern unserer Wohnungseinrichtung zu tun (China, Thailand, Polen, Bangladesch, Türkei, Venezuela ...)?
- Wie können wir diesen Menschen zu essen, zu trinken oder Kleidung im Sinne Jesu geben?
- Was müsste sich an unseren Einkaufsgewohnheiten ändern, damit wir diesen Menschen zu essen geben etc.? Was tun wir konkret?

Aktiv-Tipp 2

Recherchiert im Internet oder anderswo:

- Was ist eigentlich *Fair Trade* und wie funktioniert das?
- Wo können wir in unserer Umgebung *Fair-Trade*-Artikel kaufen? Wo gibt es einen Markt, wo wir regionale Produkte einkaufen könnten?
- Welche fair gehandelten Artikel gibt es überhaupt? Welch davon kaufen wir regelmäßig, jedoch unfair gehandelt?
- Schaut doch hier mal rein:
    - www.transfair.org
    - www.gepa.de
    - www.fairhandeln.at
    - www.fairkleidet.net
    - www.oxfam.de
    - www.fairtrade.de
    - www.contigo.de
    - www.armedangels.de
    - www.claro.ch
    - www.saubere-kleidung.de
- Aktuelle Hinweise gibt es auch auf www.neufeld-verlag.de/blog

Nachdem ihr euch nun einen Überblick verschafft habt, was *Fair Trade* ist und welche fair gehandelten Artikel wo erhältlich sind, überlegt euch abschließend, wie ihr bei eurem nächsten Treffen ein nettes Essen/Kaffeetrinken o. ä. mit ausschließlich solchen Produkten gestalten könntet.

Alles zu teuer?

Das größte Hindernis bei diesem Experiment ist immer noch der eigene Geldbeutel, und das sicher oftmals zurecht. Man kann schließlich nicht mehr ausgeben, als man hat. Versucht herauszubekommen, wie die Preisunterschiede zu »normalen« Produkten liegen. Was lohnt sich? Gibt es ein Produkt, mit dem man vielleicht beginnen kann?

Und dann gibt es noch eine ganz einfache Variante: verzichten. Statt vier Tassen Kaffee nur drei am Tag, so spart man sogar noch etwas.

Aktiv-Tipp 3

Macht euch direkt auf den Weg in eure Gemeinde und durchstöbert die Vorratsschränke für Kaffee, Tee etc. Welche Produkte findet ihr dort? Überlegt euch, wen ihr ansprechen, informieren und überzeugen müsstet, damit in eurer Kirche *Fair-Trade*-Produkte gekauft werden. Es geht vor allem um Nahrungsmittel, aber auch um Blumen, Textilien etc. Vielleicht lohnt es sich (in Absprache mit der Gemeindeleitung, der Pfarrerin oder Pastorin), eine Präsentation über *Fair Trade* für den Gottesdienst zu erstellen, eine entsprechende Infowand fürs Foyer zu gestalten oder einen Referenten zum Thema einzuladen (Materialien gibt es zum Beispiel hier: www.transfair.org/news-service/materialien.html).

Wenn euch das nicht genügt, fragt die nächste Bäckerin, ob sie nicht vielleicht einen Beitrag zu fairem Handel leisten möchte und ein kleines Sortiment fair gehandelter Produkte aufnimmt. Informiert euch dazu vorher über die Konditionen und überlegt euch, wie ihr eure Bäckerin praktisch unterstützen könntet.

Aber vielleicht gestaltet ihr auch einen Hauskreisabend oder Themengottesdienst rund um dieses Thema.

Ideen für einen Gottesdienst/Hauskreisabend

1. *Film-Clip oder Power-Point-Präsentation.* Ein kurzer Video-Clip der Micha-Initiative auf DVD gibt mit bewegenden Bilder und deutlichen Zahlen einen Einblick in die weltweiten Herausforderungen (http://www.micha-initiative.de/channel.php?channel=102). Auf den Websites von Transfair oder Gepa kann man Filme downloaden (www.transfair.org/news-service/filme.html oder www.gepa.de/p/index.php/mID/9/lan/de). Oder geht einfach auf www.neufeld-verlag.de/blog.

2. *Predigt:* Die folgenden Bibeltexte bieten sich zu diesem Thema an:

   - Sprüche 31,8f: Die Stimme für die Armen erheben
   - Jesaja 58: Echtes Fasten
   - Matthäus 25,31–46: Was ihr ihnen tut, das tut ihr mir
   - Lukas 10,25–37: Wer ist meine Nächste?
   - Hebräer 13,15–16: Teilen aus Dankbarkeit

3. *Kollekte:* Sammelt für ein Entwicklungshilfeprojekt oder ein Hilfswerk (zum Beispiel die Micha-Initiative, www.micha-initiative.de) und helft dadurch, Armut zu bekämpfen.

4. *Material zum Thema* auf den Stühlen auslegen, damit alle noch einmal in Ruhe nachlesen können (www.transfair.org/news-service/materialien/zum-bestellen.html oder (www.fair4you-online.de/htdocs/index.php?lan=de&sID=0401).

5. *Verkauf fair gehandelter Produkte* im Anschluss an den Gottesdienst: Kaffee, Kakao, Honig oder Schokolade (kann man zum Beispiel über www.gepa.de oder www.contigo.de beziehen).
6. *Erzählt von euren Erfahrungen* – davon, was geklappt hat, aber auch, was vielleicht nicht so positiv war.

b) Warum ich als Christ nicht für schönes Wetter beten darf
oder: Wofür trage ich eigentlich Verantwortung?

Das provoziert, oder? Diese Überschrift ist ja nicht als Frage formuliert, sondern steht selbstbewusst im Raum. Regt sich bei euch Widerstand?

Jesus hat doch versprochen, dass wir ihn *um alles* bitten und uns auf ihn berufen dürfen, oder (Johannes 14,13–14)? Andererseits wissen wir aus der Bergpredigt, wie sich Jesus das Beten vorstellt. Gott, unser Vater im Himmel, weiß, was wir brauchen, also müssen wir ihn wegen unserer Bedürfnisse gar nicht mehr bitten (Matthäus 6,8). Aber wer von uns hat noch nie ein persönliches Bedürfnis ins Zentrum seiner Gebete gestellt?! Es stimmt doch nachdenklich, dass Gott unsere Bedürfnisse kennt und wir trotzdem beten, als gäbe es kein Morgen.

Die Motivation unserer Gebete etwa um gutes Wetter mag ja durchaus fromm sein: Der nächste missionarische Open-Air-Gottesdienst wäre bei strömendem Regen tatsächlich ziemlich beeinträchtigt; der Bade-Ausflug mit dem Teenkreis fiele ins Wasser. Heiligt der Zweck nicht die Mittel?

Wie bete ich also richtig? Die Bücher zum Thema Gebet füllen vermutlich eine ganze Bibliothek. Und sie geben durchaus hilfreiche Antworten. Doch schauen wir einfach direkt in die Bibel: Im Alten Testament begegnet uns eine schillernde Person: Salomo. König Salomo hatte ein besonderes Gotteserlebnis, nachzulesen in 1. Könige 3,2ff. Er opferte Gott an dem bedeutendsten Ort Israels, auf der Höhe Gibeon. Er wollte Gott ehren und suchte seine Nähe. Nachts passierte es dann: Gott erschien ihm in einem Traum und Salomo durfte sich etwas wünschen. Ist das nicht eine wunderbare Vorstellung? Worum würden wir bitten, wenn wir solch eine Gelegenheit hätten? Schönes Wetter, das Bestehen oder sogar sehr gute Abschneiden in der anstehenden Prüfung, den richtigen Partner, beruflichen Erfolg, Wohlstand, eine gute Ausbildung für unsere Kinder ...?

Ist es legitim, meine subjektive Situation und mein Empfinden so in den Mittelpunkt zu stellen, als wenn Gott nichts anderes zu tun hätte, als sich um mich zu kümmern? [...] Wir sollten aufpassen, dass wir nicht nur den »Tanz ums eigene Ich« betreiben, auch und gerade in unseren Gebeten. [...] Wer ist Gott für uns? Der Gott, der meine Bedürfnisse zu befriedigen hat?
(Faix, Würde Jesus ..., Seite 22)

Als Jesus seine Jünger lehrt, zu beten, gibt er ihnen das Vaterunser als Beispiel. Dort geht es vor allem darum, sich auf Gottes Linie einzustellen, sich mit seinem Willen eins zu machen (Matthäus 6,9–10).

Und was macht Salomo? Was hat er sich gewünscht? Geld und Reichtum, um seinen Machtbereich zu erweitern? Hat er vielleicht darum gebeten, dass es bei den religiösen Festen des Volkes nie mehr regnete? Salomo wünschte sich Weisheit. Das klingt zunächst auch sehr egozentrisch! Der Unterschied liegt allerdings in dem Zweck. Salomo wünschte sich Weisheit, um der Verantwortung seines Lebens gerecht werden zu können. Es ging ihm nicht um sich selbst, sondern um die, die ihm anvertraut waren. Er war der König des Volkes Gottes. Und da liegt der Unterschied. Es ging Salomo darum, Entscheidungen zum Besten für seine Mitmenschen zu treffen.

Jesus wurde einmal gefragt, welches das wichtigste Gebot sei. Seine Antwort lautete: »*Liebe den Herrn, deinen Gott, von ganzem Herzen, mit ganzem Willen und mit deinem ganzen Verstand!* [Mit anderen Worten:

Begib dich ganz auf seine Linie!] *Aber gleich wichtig ist ein zweites: Liebe deinen Mitmenschen wie dich selbst!«* (Matthäus 22,37.39). Im hebräischen Denken bedeutet jemanden zu lieben nicht nur, den anderen zu mögen und theoretisch mit ihm übereinzustimmen. Es bedeutet, etwas zu tun. Liebe ist nicht abstrakt, sondern eine Tat. Deshalb ist es wichtig, dass wir üben, den Fokus unserer Gebete weg von uns selbst auf unsere Mitmenschen auszurichten. Wir leben in dieser Welt und tragen Verantwortung für diese Welt, die Gott liebt. Wir haben einen Auftrag. Und es beginnt bei unserer Gebetshaltung.

Aktiv-Tipp 1

Geht im Internet auf die Seite eines Nachrichtenportals oder nehmt eine Tageszeitung zur Hand und lest die Top-Nachrichten. Eigentlich müsste uns ein Blick in die Zeitung oder den Fernseher ins Gebet treiben. Wenn ihr euch über das aktuelle Geschehen in unserem Land sowie der weiten Welt informiert habt, nehmt euch den Rest eures Treffens Zeit dafür, uneigennützig dafür zu beten: Krisen, Probleme, Nöte, Leiden etc.

»Die geistliche Adoption von Gesellschaftsbereichen durch die Christen ist der wirkungsvollste Weg, wie Kirche und Welt endlich zusammen kommen.«
   Swen Schönheit

- Gebet füreinander
- Gebet für unseren Wohnort
- Gebet für unsere Nächsten
- Gebet für gesellschaftliche Bereiche (Schulen, Jugendclubs, Altenheime, das Rathaus ...)

Aktiv-Tipp 2

Betet in der kommenden Woche nicht nur für eure persönlichen Anliegen (oder für schönes Wetter). Betet stattdessen öfter für Menschen, die Mangel leiden, denen zum Beispiel der Regen oder etwas anderes Lebensnotwendi-

ges fehlt. Ihr könnt euch im Internet über ein Land oder eine Volksgruppe, die in Armut lebt, informieren.

Hilfreich könnte dabei ein Zettel mit einem Gebetsplan für jeden Wochentag sein. Am besten hängt ihr ihn dort auf, wo ihr ständig vorbeikommt: neben den Spiegel am Waschbecken, an den Kühlschrank oder an den Computerbildschirm, auf die Toilette oder neben die Fernbedienung des Fernsehers. Hier ein Beispiel, wie solch ein Gebetsplan aussehen könnte:

Montag:	Menschen in Ländern, wo es an Regen fehlt, und die deshalb hungern
Dienstag:	Menschen, die an unheilbaren Krankheiten leiden und deshalb keine Hoffnung haben
Mittwoch:	Menschen, die unter Kriegen leiden, besonders traumatisierte Kinder
Donnerstag:	Menschen, die ausgebeutet werden, deren Gesundheit aus wirtschaftlichem Interessen aufs Spiel gesetzt wird
Freitag:	Menschen, die kein Zuhause haben und unter Einsamkeit leiden
Samstag:	Menschen, die unter Verfolgung leiden, weil sie Jesus nachfolgen
Sonntag:	Menschen, die nach Macht streben und Verantwortung in dieser Welt übernehmen wollen

(Aktuelle Fürbitten gibt es auch auf www.neufeld-verlag.de/blog.)

Tauscht euch bei eurem nächsten Treffen über eure Gebetserfahrungen aus. Was ist euch schwer gefallen? Hat sich euer Gebetsfokus verändert? Wie wollt ihr weiterbeten?

Kapitel 1: Gerechtigkeit leben

Aktiv-Tipp 3

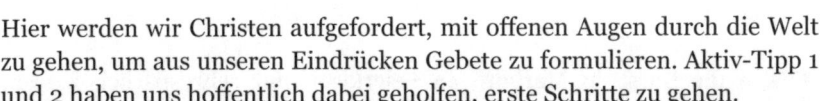

Das Erste und Wichtigste, wozu ich die Gemeinde aufrufe, ist das Gebet, und zwar für alle Menschen. Bringt Bitten und Fürbitten und Dank für sie alle vor Gott! Betet für die Regierenden und für alle, die Gewalt haben, damit wir in Ruhe und Frieden leben können, in Ehrfurcht vor Gott und in Rechtschaffenheit. So ist es gut und gefällt Gott, unserem Retter. Er will, dass alle Menschen zur Erkenntnis der Wahrheit kommen und gerettet werden (1. Timotheus 2,1–4).

Hier werden wir Christen aufgefordert, mit offenen Augen durch die Welt zu gehen, um aus unseren Eindrücken Gebete zu formulieren. Aktiv-Tipp 1 und 2 haben uns hoffentlich dabei geholfen, erste Schritte zu gehen.

Tipp 3 ist etwas anspruchsvoller: Findet die Sehnsüchte und Bedürfnisse einer Person heraus, mit der ihr täglich zu tun habt: Kommilitonen, Kollegen, Gemeindemitglieder, die eigene Familie etc. Nehmt euch Zeit und nehmt Anteil an ihrem Leben, indem ihr sie gezielt auf Bedürfnisse und Nöte ansprecht. Sagt ihr, dass ihr in nächster Zeit für sie beten wollt, und fragt nach ihrem Einverständnis. Notiert euch diese Informationen. Wenn Olivers Antriebslosigkeit oder die Stellensuche von Ralfs Tochter eine Weile in euren Gedanken und Gebeten präsent sind, weitet sich euer Blickfeld fast automatisch. Hier sind Fragen, die bei der »Feldforschung« hilfreich sein könnten:

- Womit beschäftigst du dich zur Zeit am meisten?
- Wie würdest du deine aktuelle Grundstimmung beschreiben?
- Wie erlebst du den Umgang mit deinen Arbeitskollegen/Kommilitonen/Mitschülern?
- Bei welchem Problem oder in welcher Situation würdest du dir Gottes Eingreifen wünschen?
- Gibt es einen aktuellen Konflikt oder ein immer wiederkehrendes Konfliktthema mit einer bestimmten Person oder einem Personenkreis?

c) Begegnung mit Andy
oder: Gottes Gerechtigkeit

Da die Busse in Marburg an Feiertagen nur sehr spärlich fahren, musste ich heute eine halbe Stunde warten. Ich setzte mich auf eine Bank neben einen Obdachlosen, der im Rollstuhl saß, und begann zu lesen. Dann ergab sich folgender Dialog:

Mann: Hi! Haste mal ein bisschen Kleingeld?
Toby: Hi, ja, hab' ich.
Mann: Kannste mir was geben?
Toby: Für was brauchst du's denn?
Mann (überlegt kurz): Für Bier, bin Alkoholiker.
Toby: (gibt ihm was)
Mann: Danke.
Toby: Wie heißen Sie denn?
Mann: Andy, kannst ruhig »du« sagen.
Toby: Ich heiße Toby. Cool, dich kennenzulernen! Was hast du mit deinen Beinen gemacht?
Andy: Ich habe schon von Geburt an Durchblutungsstörungen in den Beinen gehabt, bin deshalb mein ganzes Leben an Krücken gegangen und hatte letztes Jahr einen doppelten Beckenbruch. Seitdem ist alles kaputt, hab' jetzt 'ne Stahlplatte im Becken und kann nicht mehr laufen.

Toby: Und seit wann trinkst du?
Andy: Seit 40 Jahren. Wie alt bist du?
Toby: 38.
Andy: Du siehst jünger aus.
Toby: Und wie alt bist du?
Andy: 53. Ich seh' aber älter aus! (beide lachen)
Toby: Und wo wohnst du?
Andy: Im Waldtal, in einem Sozialzimmer. Und du?
Toby: In der Ecke Schwanallee/Gisselbergerstraße ...
Andy: Im »Jesus lebt«-Haus?
Toby (überrascht): Ja, genau ...
Andy: Da haben früher Diakonissen drin gewohnt.
Toby: Ja, die sind jetzt aber nicht mehr da.
Andy: Ich war da öfters, die haben mir immer was zu essen gegeben. Die waren alt, aber sehr nett und haben sich mit mir unterhalten, obwohl sie wussten, dass ich schlucke.
Toby: Das finde ich gut.
Andy: Was machst du denn?
Toby: Ich bin Theologe.
Andy (lacht): Jetzt kenn' ich einen Theologen! Und er sitzt neben mir und spricht mit mir.
Toby: Klar, warum denn nicht?
Andy: Na ja, nicht alle Leute sprechen mit mir. Aber die Studenten sind ganz nett und ich mach' auch niemand Probleme. Ich komm ja nicht mehr weit mit meinem Rollstuhl und dann sitz' ich halt den ganzen Tag hier und, na ja, trinke und, na ja, du weißt schon. Aber du bist ganz schön nett für einen Theologen ...
Toby: Also, eigentlich sollten alle Theologen, alle Christen nett sein ...
Andy: Ich wurde auch christlich erzogen, aber dann ist einiges schief gegangen in meinem Leben, aber ich glaub' immer noch, dass der

Herrgott auf mich aufpasst. (Pause) Und der, der ist gerecht, da glaub' ich dran, der ist bestimmt gerecht ...

(Faix, *Würde Jesus ...*, Seite 40ff)

Wenn wir zum Einkaufen, zur Frisörin oder zur Gemeinde unterwegs sind, kann es sein, dass wir unterwegs einem Menschen ohne festen Wohnsitz begegnen. Aber halt – eigentlich *begegnen* wir ihm gar nicht, sondern wir hasten an ihm vorbei. Wenn wir einen guten Tag haben, geben wir ihm vielleicht einen Euro. Warum? Weil wir keine Zeit haben? Weil wir denken: »Der ist doch selber schuld!« oder »Der versäuft mein Geld doch nur!« oder weil wir den Eindruck haben, dass sich der Staat »darum« kümmern müsste? Weil dieser Mensch uns nicht interessiert?

Ganz gleich, warum, wir hasten an ihm vorüber. Wir beachten ihn nicht. Kann es ein, dass Jesus sich anders verhalten würde, wenn er zum Einkaufen, zur Frisörin oder zur Gemeinde unterwegs wäre? Und kann es sein, dass du dich anders verhalten würdest, wenn du gemeinsam mit Jesus unterwegs wärst? Jesaja, einer der Propheten Gottes, hätte sich sicher anders verhalten:

Der Herr sagt: »Rufe, so laut du kannst! Lass deine Stimme erschallen wie eine Posaune! Halte meinem Volk, den Nachkommen Jakobs, ihr Unrecht und ihre Vergehen vor! Sie fragen mich Tag für Tag, warum ich sie solche Wege führe. Wie ein Volk, das sich an das Recht hält und meine Gebote befolgt, fordern sie von mir, dass ich zu ihrer Rettung eingreife, und wünschen sich, dass ich ihnen nahe bin. Was für einen Sinn hat es, jammern sie, dass wir Fasttage abhalten und deinetwegen Entbehrungen auf uns nehmen? Du beachtest es ja gar nicht! Darauf sage ich, der Herr: Seht doch, was ihr an euren Fasttagen tut! Ihr geht euren Geschäften nach und beutet eure Arbeiter aus. Ihr fastet zwar, aber ihr seid zugleich streitsüchtig und schlagt sofort mit der Faust drein. Darum kann euer Gebet nicht zu mir gelangen. Ist das vielleicht ein Fasttag, wie ich ihn liebe, wenn ihr auf Essen und Trinken verzichtet, euren Kopf hängen lasst und euch im Sack in die Asche setzt? Nennt ihr das ein Fasten, das mir gefällt? Nein, ein Fasten, wie ich es haben will, sieht anders aus! Löst die Fesseln der Gefangenen, nehmt das drückende Joch von ihrem Hals, gebt den Misshandelten die Freiheit und macht jeder Unterdrückung ein Ende! Ladet die Hungernden an euren Tisch, nehmt die Obdachlosen in euer Haus auf, gebt denen, die in Lumpen herumlaufen, etwas zum Anziehen und helft allen in eurem Volk, die Hilfe brauchen!« (Jesaja 58,1–7).

Echte Begegnungen, zum Beispiel mit wohnungslosen Menschen, scheinen Gott offenbar wichtiger zu sein als mein neuer iPod, meine trendy Frisur und sogar mein sonntäglich-traditioneller Gottesdienstbesuch. Gott geht es um Benachteiligte. Wie kann ich teilen, was ich habe? Paulus schreibt in 1. Korinther 4,7, dass alles, was wir sind und haben, ein Geschenk Gottes ist und nicht unser eigener Verdienst. Deshalb gehört es uns gar nicht, sondern wir sollen es für das Reich Gottes einsetzen. Jesus setzt sogar noch eins drauf:

Dann wird der König zu denen auf seiner rechten Seite sagen: Kommt her! Euch hat mein Vater gesegnet. Nehmt Gottes neue Welt in Besitz, die er euch von allem Anfang an zugedacht hat. Denn ich war hungrig und ihr habt mir zu essen gegeben; ich war durstig und ihr habt mir zu trinken gegeben; ich war fremd und ihr habt mich bei euch aufgenommen; ich war nackt und ihr habt mir etwas anzuziehen gegeben; ich war krank und ihr habt mich versorgt; ich war im Gefängnis und ihr habt mich besucht. Dann werden die, die den Willen Gottes getan haben, fragen: Herr, wann sahen wir dich jemals hungrig und gaben dir zu essen? Oder durstig und gaben dir zu trinken? Wann kamst du als Fremder zu uns und wir nahmen dich auf, oder nackt und wir gaben dir etwas anzuziehen? Wann warst du krank oder im Gefängnis und wir besuchten dich? Dann wird der König antworten: Ich versichere euch: Was ihr für einen meiner geringsten Brüder oder für eine meiner geringsten Schwestern getan habt, das habt ihr für mich getan (Matthäus 25,34–40).

Wenn wir Jesus also etwas Gutes tun wollen, dann sollten wir gastfreundlich sein, Kranke und Gefangene besuchen und uns um Arme und Obdachlose kümmern. Hier Impulse für die ersten Schritte in diese Richtung:

Aktiv-Tipp 1

Lest gemeinsam Lukas 16,19–31. Auch wenn das Geschehen in Himmel und Hölle spektakulär ist, konzentriert euch auf das irdische Verhalten des reichen Mannes. Jesus erzählt den Pharisäern dieses Beispiel, um deutlich zu machen, dass frommes, aufgesetztes Tun keine Bedeutung gegenüber echtem Handeln nach Gottes Willen hat.

- Was ist Gottes Wille für euren Kreis in Bezug auf seine Gerechtigkeit?
- Was könnte demnach nur frommes, aufgesetztes Tun sein?
- Wie könntet ihr euch mehr entsprechend Gottes Willen verhalten?
- Was werdet ihr konkret tun?

Aktiv-Tipp 2

Macht einen Spaziergang durch eure Stadt. Geht schweigend (aber mit offenen Augen!) vor allem dorthin, wo ihr benachteiligte Menschen vermutet. Versucht während dieses Spaziergangs, alle Menschen, denen ihr begegnet, im Licht von Matthäus 25,40 wahrzunehmen und betet im Stillen für sie. Wenn ihr mögt, haltet regelmäßig an und betet gemeinsam für die Menschen in den Häusern und auf der Straße um euch herum. Achtet darauf, dass ihr nach eurem Spaziergang noch Zeit zum Austausch habt.

Aktiv-Tipp 3

Geht in die Fußgängerzone, in die Nähe eines Einkaufszentrums o. ä. in der nächstgelegenen Stadt, wo ihr sicher Menschen trefft, die benachteiligt sind (wohnungslos, alt und einsam, drogenabhängig, ohne Arbeit und Perspektive ...). Ladet sie zu einem Burger, einer Tasse Kaffee, einem Döner oder einem Bier ein – und schenkt ihnen etwas Zeit. Damit die Leute sich nicht von lauter Wohltätigen überrumpelt fühlen, teilt euch in Zweierteams auf, falls eure Gruppe größer ist.

Auch hier ist es wichtig, im Anschluss an die Aktion miteinander zu reflektieren: Wie ist es euch ergangen? Was habt ihr erlebt? Was ist euch schwer gefallen? Wodurch seid ihr beschenkt worden? Was lernt ihr von den Menschen, denen ihr begegnet seid?

In den meisten Städten gibt es Organisationen, die sich um Benachteiligte kümmern, von Obdachlosenheimen bis zu Tafeln, von Kleiderkammern bis zu Frauenhäusern. Wenn ihr verbindlich helfen wollt, fragt eine solche Institution, was ihr konkret tun könnt.

Das haben wir erlebt

Nach durchwachsen-positiven Erfahrungen mit Aktiv-Tipp 2 zogen wir eines Nachmittags los zur Umsetzung des dritten Tipps. Im Vorfeld hatten wir Geld zusammengelegt. Während uns die Umsetzung von Tipp 2 aufgrund von Vergesslichkeit und mangels konkreter Möglichkeiten zum Teil schwergefallen ist, ging uns diese Übung erstaunlich leicht von der Hand.

Wir hatten Menschen in unserem Umfeld gesucht, die finanziell eher knapp dran sind und dringende Bedürfnisse haben. Nun kauften wir ein Haushaltsgerät für eine junge Familie in unserem Freundeskreis. Die Freude und Sprachlosigkeit sowie das gute Gefühl, durch Verzicht helfen zu können, haben uns für diesen Nachmittag mehr als entschädigt. Von dem zusammengelegten Geld konnten wir sogar mehreren Leuten helfen.

Jesus zu folgen kann manchmal echt schwierig sein. Und manchmal richtig toll.

Tim Allgaier, Josua Wintermann und Anna Tröger

Kapitel 2

Glauben stärken

»Im 19. Jahrhundert wurde ein Jesus erfunden, der sich bis heute erfolgreich vermarkten ließ, ein sanfter, asexueller Jüngling, ein durch die Kornfelder streifender Naturapostel, ein Schaf unter Schafen [...] ein verstehender, femininer Jesus ist angesagt.
Ich halte das für Geschichtsklitterung. Der historische Jesus steht in bezeichnender Nähe zu einem markanten Hardliner der Antike, einem Agent Provocateur Gottes, zu Johannes dem Täufer. Die Art, in der die Evangelien über Johannes den Täufer berichten, provozieren und rücken ihn wieder in die Nähe Jesu. Seine asketische und herrschaftskritische Lebensweise entspricht insbesondere den harten Kanten Jesu. Beide sind auf ihre Weise unerträglich.«
Klaus Berger

Das haben wir erlebt

Es war einfacher, als wir gedacht hatten! Wir haben bei kaltem Wetter in der Fußgängerzone Punsch und Kekse unter den eifrig vorbei eilenden Passanten verteilt. Dabei ist uns aufgefallen, dass es manche Menschen gar nicht mehr gewohnt sind, etwas geschenkt zu bekommen. Viele dachten, dass wir sie damit ködern wollten, um ihnen dann einen Staubsauger oder irgendetwas anderes zu verkaufen ...

Aber es hat Spaß gemacht: Leute kennenlernen, mit ihnen reden, ihnen zuhören, gemeinsam lachen, ihnen etwas Gutes tun, sie beschenken ... Wir hatten nach der Aktion zwar kalte Füße und leere Keksdosen, und doch wurden wir selbst auch in gewisser Weise beschenkt. Das mit dem »talken about Jesus« funktionierte automatisch, als manche Leute genauer wissen wollten, was das denn für Menschen sind, die heutzutage einfach so etwas zu verschenken haben :–)

Piero Scarfalloto, Samuel Scheifling und Marcus Thiel

a) Let's talk about Jesus
oder: Meine Sprachlosigkeit, wenn es um Jesus geht

Let's talk about Jesus? Ja klar! Denn schließlich darf man ja heute wieder glauben. Viele attraktive Ansichten tummeln sich zur Zeit fröhlich auf dem Markt der Weltanschauungen, Religionen und Überzeugungen. Egal ob Buddha, Mohammed oder Jesus ... alles hat was Wahres und erlaubt ist, was sich gut anfühlt. *Mix it, Baby!* Patchwork-Glaube ist angesagt. »Jesus ist okay, seine Lehre hat uns bestimmt auch heute noch was zu sagen ...«

Aber was, wenn es jemand genau wissen will und fragt: »Wie ist das eigentlich mit Jesus?« »Also, pass auf, das ist ganz einfach: Das Blut des Lammes reinigt dich und der Heilige Geist versiegelt dich für den Bund, den Gott mit dir geschlossen hat. Weißte, was ich mein'? Wenn du diese Rechtfertigung für dich Sünder nicht annimmst, befindest du dich schon – und das fände ich ziemlich schade – auf direktem Wege in den Hades ...«

So eine Antwort wird wohl alles, also Wut, Verwirrung, Hilflosigkeit, Frustration, Antipathie etc. auslösen, nur kein tieferes Interesse an Jesus. Aber wenn es so nicht geht, wie denn dann? Als ich diese Frage in unserer Jugendgruppe stellte, bekam ich zur Antwort: »Am besten lebt man einfach authentisch seinen Glauben durch Nächstenliebe und Opferbereitschaft. Wenn wir in unserer Umwelt einen Unterschied machen, dann erfahren die Leute mehr über Jesus als durch viel Rumgelaber.« Vielleicht geht es um beides: dass Reden und Tun übereinstimmen.

Jesus sagt am Ende der Bergpredigt: »Wer meine Worte hört und tut!« Nicht wer sie kennt, wer sie richtig interpretiert, wer sie sogar in Griechisch versteht. Sondern wer sie tut, wer sie anwendet, der ist es, der daran glaubt und in Gottes neuer Welt lebt. (Faix, Würde Jesus ..., Seite 49)

Jesus will nicht, dass wir wie Wahnsinnige durch die Straßen laufen und den Leuten Gottes Wort mit klischeebehafteten Floskeln um die Ohren hauen. Stattdessen geht es darum, dass wir die Gute Nachricht so vermitteln, dass sie auch wirklich als *gute* Nachricht empfunden wird. Leichter gesagt als getan! Gerade weil Jesus für die Menschen des 21. Jahrhunderts nur eine von vielen Optionen zu sein scheint. Aber:

Gott und seine Botschaft brauchen sich vor den Weltreligionen und Weltanschauungen dieser Tage nicht zu verstecken. Im Gegenteil, diese Botschaft steht über allem, diese Botschaft hat die Kraft zur Veränderung.
(Faix, Würde Jesus ..., Seite 50)

Let's talk about Jesus! Die Welt braucht die Gute Nachricht. Und wir sind ihre Botschafter. Hier einige Impulse, die uns selbst dabei geholfen haben:

Aktiv-Tipp 1

Nehmt euch Zeit, folgende Fragen persönlich zu beantworten. Auf den ersten Blick scheinen sie vielleicht sehr einfach:

- Was ist das Gute an der Guten Nachricht?
- Warum glaubst du an Jesus, warum folgst du ihm nach?
- Was ist das Attraktive an deinem Leben mit Jesus?

Bemüht euch dabei, fromme Konserven und Floskeln zu vermeiden. Platte Antworten können weder andere noch wir selbst richtig verstehen. Ach ja, und wenn euch die Antworten nicht ganz leicht fallen, seid ihr auf dem richtigen Weg. Tauscht euch anschließend als Gruppe darüber aus; sozusagen ein Anfang, »about Jesus« zu »talken«.

Aktiv-Tipp 2

Lest Römer 1,15–17 und Apostelgeschichte 4,1–20 und diskutiert folgende Fragen:

- Warum schämt sich Paulus nicht für das Evangelium? Warum können Petrus und Johannes es einfach nicht lassen, von Jesus zu reden?
- Kennst du Situationen, in denen du den Eindruck hattest: »Jetzt wäre es dran, von meinem Glauben zu erzählen«? Was hast du getan?
  - Du hast drauf los geredet: Welche Erfahrungen hast du gemacht?
  - Du hast geschwiegen: Warum? Wofür hast du dich geschämt?

Betet für jeweils einen anderen aus eurer Gruppe und für die Hindernisse, über Jesus zu reden, die ihr erkannt habt.

Aktiv-Tipp 3

Den meisten von uns fällt es schwer, einfach so mit jemandem über Jesus zu reden, wenn es sich nicht im Gespräch ergibt. Häufig wirkt das ja auch tatsächlich aufgesetzt und unpassend. Vielleicht wäre aber eine Postkarte (von www.gott.net oder auch gemeinsam gestaltet) ein guter Zwischenschritt: Verfasst zehn bis 15 Postkarten an Freunde, Bekannte oder Nachbarn und schreibt ihnen in zwei, drei Sätzen, was für euch das Gute an der Guten Nachricht ist. Wünscht ihnen noch einen schönen Tag und schreibt, dass ihr euch freut, sie wieder mal zu treffen (natürlich nur, wenn das auch stimmt!). Ihr könnt diese Nachricht natürlich auch mit einem Geschenk verbinden ... Weitere Ideen findet ihr auf www.neufeld-verlag.de/blog.

b) Spirituelle Magersucht
oder: Wie ich gesund glauben kann

Stell dir folgende Szene vor: Es ist Silvester. Du befindest dich im Kreis deiner engsten Freundinnen. Es geht darum, auf das zu Ende gehende Jahr zurückzublicken und sich dabei auch über sein geistliches Leben Gedanken zu machen: »Was hat dich im letzten Jahr geistlich weiter gebracht?« Du kommst ins Nachdenken, wie oft du im Gottesdienst warst, wie viele Predigten du gehört hast, wieviel Zeit du in die Gemeinde investiert hast, wieviele christliche Bücher oder Zeitschriften du gelesen hast ... Resigniert stellst du fest, dass sich in deinem geistlichen Leben nicht viel verändert hat. Du bist mit dir unzufrieden und überlegst, woran das liegen könnte. Dabei fällt dir auf, wie oft du gemerkt hast, dass Gott dich herausfordert, etwas in deinem Leben zu ändern oder konkret etwas zu tun. Gleichzeitig stellst du fest, wie selten du diesen Impulsen wirklich nachgegangen bist, bevor du schon wieder die nächste Predigt gehört hast.

Nicht das Wissen um die Worte Gottes, sondern das Tun nährt unsere Beziehung zu unserem Herrn. (Faix, Würde Jesus ..., Seite 51)

Jesus wünscht sich keine »Nachfolgerinnen«, die sich nur theoretisch mit dem Glauben an ihn beschäftigen. Er wünscht sich lebendige Nachfolgerinnen, deren *Herzen* für ihn brennen und die ihr *Handeln* an ihm ausrichten. Menschen, an denen man erkennen kann, dass sie anders sind. Ein Freund von mir hat das sehr herausfordernde Lebensmotto: »Action speaks louder

Kapitel 2: Glauben stärken

than words!« Handeln bewirkt mehr als Reden. Stell dir vor, deine Partnerin würde dir ständig: »Schatz, ich liebe dich!« sagen, aber sich ganz anders verhalten. In deinen Augen wäre das unglaubwürdig. Gott wünscht sich, dass wir für ihn aktiv werden, anstatt nur ständig von ihm zu reden. Franz von Assisi formulierte es so: »Predige das Wort zu jeder Zeit; wenn nötig, benutze Worte.«

Ohne konkretes Handeln im Glauben machen wir keine Glaubenserfahrungen. Gott scheint dann – je länger je mehr – weit weg, nicht mit unserem Leben verbunden und für uns nicht erlebbar. Ohne diese Erlebnisse mit Gott treten wir im Glauben dann auch auf der Stelle und kommen nicht weiter. Vielleicht sind wir zu sehr auf die klassischen Wege fixiert, wie man sich Gott nähern kann (Bibel und Gebet)?

1. Unser Gottesbild

Wir behaupten zwar inbrünstig, dass wir streng nach biblischen Maßstäben leben, merken aber nicht, dass unser Glaube sich darauf beschränkt, was wir uns von Gott vorstellen können, und dass wir kaum erwarten, was in Gottes Vollmacht steht. (Faix, Würde Jesus ..., Seite 52)

Stimmt es wirklich, dass sich unser Glaube darauf beschränkt, was wir uns vorstellen können? Wir müssen zugeben, es stimmt. Das, was wir von Gott erwarten, ist oft nur so groß, wie unsere Vorstellungskraft reicht.

Selbst wenn wir viel Phantasie haben, beschränken wir Gott. Neulich war ich mit einem Freund auf einer längeren Autofahrt unterwegs. Wir gerieten in einen Stau und erreichten unser Ziel viel zu spät. Kurz bevor wir endlich ankamen, diskutierten wir heiß: Ob Gott die Uhrzeit wohl so verstellen könnte, dass wir trotzdem noch pünktlich ankommen?

Recht schnell sagen wir: »Ja klar, bei Gott sind alle Dinge möglich!« Aber wo trauen wir ihm zu, wirklich außergewöhnlich zu handeln?

2. Unsere Abhängigkeit von Gott

Jesus lebte in völliger Abhängigkeit von Gott. So heißt es in Johannes 5,19: *Der Sohn kann nichts von sich aus tun; er kann nur tun, was er den Vater tun sieht. Was der Vater tut, genau das tut auch der Sohn.* Warum glauben wir so oft, dass wir nicht von Gott abhängig sind? Die Frage könnte auch lauten: Warum vertrauen wir Gott nicht ganz?

Was heißt Gott »ganz« vertrauen? Dass wir Gott in unserem Alltag so wenig erleben, liegt wohl oft daran, dass wir immer einen Notfallplan parat haben, falls mal etwas nicht ganz so klappt, wie wir es uns vorgestellt haben. Es kommt selten vor, dass wir mitsamt unseren Plänen scheitern und uns nur noch Gott anvertrauen können. Menschen allerdings, die mit ihrer Weisheit am Ende sind, die nicht mehr wissen, wo es lang geht, und sich schließlich völlig Gott anvertrauen, erleben ihn. Oftmals ist Gott in außergewöhnlichen Situationen spürbar nahe. Begrenzen wir Gottes Handlungsspielraum, wenn wir uns gegen alles absichern?

Ich glaube, dass es nötig ist, unser Vertrauen immer mehr und ausschließlich auf Gott zu setzen. Damit du nächstes Silvester andere Antworten hast, wenn du dich erinnerst, wie du Gott erfahren hast, hier einige Impulse:

Aktiv-Tipp 1

Wir wissen, dass Gott allmächtig ist. Dass Gott Wunder tun kann. Wenn wir allerdings ehrlich sind, müssen wir zugeben, dass wir oft doch nur glauben, was wir uns vorstellen können.

Lest Matthäus 17,14–20: Ein besessener Junge soll von den Jüngern geheilt werden. Das haben sie schon oft getan, doch dieses Mal klappt es nicht. Jesus heilt den Jungen und redet dann mit seinen Jüngern und dem Volk über ihren Unglauben. Was fällt euch auf?

Mir fällt als erstes der Berg auf, den ich mit bloßem Glauben versetzen soll. Wie soll das gehen? Jesus spricht hier von einem besonderen Glauben, der auch »Charisma« genannt wird. Eine Gnadengabe, die Paulus in 1. Korinther 12,9 und 13,2 beschreibt. Dieser Glaube ist ein Teilnehmen an Gottes Allmacht. Bei diesem Glauben rechnet man allein mit Gottes Macht. Der Ausdruck »Berge versetzen« ist eine damalige sprichwörtliche Redensart für etwas Unmögliches.

Wie handelt Jesus in dieser Geschichte? Er bringt seinen Jüngern alles bei, was sie können sollen. Doch dieses Mal versagen sie. Kann doch mal passieren, oder? Jesus ist nicht zufrieden mit ihnen. Sie haben schon so viele Wunder erlebt und trotzdem nutzen sie ihre von Gott gegebene Kraft nicht. Jesus unterstellt ihnen, sie hätten nur den Glauben eines Senfkorns.

Wie groß ist unser Glaube? Formuliert ein Gebet, in dem ihr Gott euren Glauben bezeugt. Ein Vorschlag:

Danke, Gott, dass wir mit dir reden dürfen.
Danke, dass du Gebete erhörst.
Wir bitten dich um Vergebung, dass unser Glaube klein wie ein Senfkorn ist.
Und wir bitten dich: Schenke uns Glauben, der dir alles zutraut.
Zeige uns neu, wer du wirklich bist, und wo du uns gebrauchen willst.
Amen.

Bittet und ihr werdet bekommen! Sucht und ihr werdet finden! Klopft an und es wird euch geöffnet! Denn wer bittet, der bekommt; wer sucht, der findet; und wer anklopft, dem wird geöffnet (Matthäus 7,7–8).

Warum ist Gott manchmal so »kompliziert« und handelt ganz anders, als wir es uns wünschen? Einen Hinweis dazu gibt Jesaja 55,8–9.

Aktiv-Tipp 2

Nächstenliebe ist ein zentrales Thema im Neuen Testament. Jesus lebte Nächstenliebe ganz konkret. Er war sich für nichts und niemanden zu schade. Er diente, anstatt sich bedienen zu lassen. Genau darum geht es.

Handeln, statt nur zu reden! Ganz nach dem Motto »Action speaks louder than words!« geht es in diesem Aktiv-Tipp darum, gemeinsam etwas zu tun. Vereinbart einen Termin mit eurer Bürgermeisterin: Besucht sie als Gruppe und schenkt ihr als Dankeschön für ihre Arbeit einen Kuchen. Fragt, wo sie und die Stadt eure Hilfe gebrauchen können, und packt das dann direkt an (Besuche im Altenheim, Müll im Park aufsammeln, beschmierte Wände neu streichen ...).

Überlegt hinterher gemeinsam, ob aus dieser einmaligen Aktion ein regelmäßiger Dienst werden kann, damit eure Stadt einen Nutzen von den Christen hat – getreu dem Motto: *Suchet der Stadt Bestes* (Jeremia 29).

Aktiv-Tipp 3

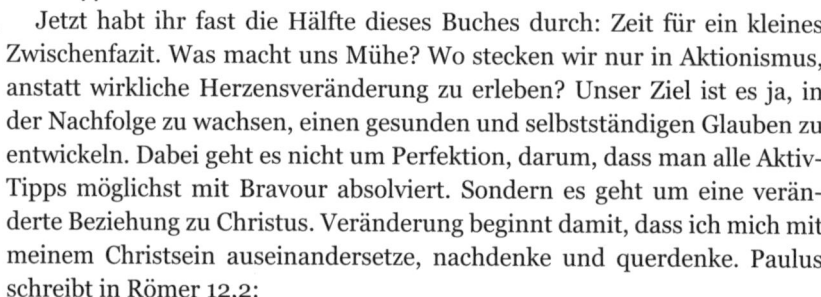

Jetzt habt ihr fast die Hälfte dieses Buches durch: Zeit für ein kleines Zwischenfazit. Was macht uns Mühe? Wo stecken wir nur in Aktionismus, anstatt wirkliche Herzensveränderung zu erleben? Unser Ziel ist es ja, in der Nachfolge zu wachsen, einen gesunden und selbstständigen Glauben zu entwickeln. Dabei geht es nicht um Perfektion, darum, dass man alle Aktiv-Tipps möglichst mit Bravour absolviert. Sondern es geht um eine veränderte Beziehung zu Christus. Veränderung beginnt damit, dass ich mich mit meinem Christsein auseinandersetze, nachdenke und querdenke. Paulus schreibt in Römer 12,2:

> *Passt euch nicht den Maßstäben dieser Welt an. Lasst euch vielmehr von Gott umwandeln, damit euer ganzes Denken erneuert wird. Dann könnt ihr euch ein sicheres Urteil bilden, welches Verhalten dem Willen Gottes entspricht, und wisst in jedem einzelnen Fall, was gut und gottgefällig und vollkommen ist.*

Paulus ermutigt die Christinnen in Rom, sich immer wieder neu vom Heiligen Geist erneuern zu lassen. Alte Verhaltensweisen zu überprüfen, um zu sehen, wo die »Maßstäbe der Welt« in christlichem Gewand längst zu eigenen Maßstäben geworden sind. Es passiert uns ja häufig, dass wir die Fehler und Probleme bei anderen (vor allem in der Welt) erkennen, aber nicht bei uns selbst. Paulus hält diese ständige Erneuerung aber für elementar, damit wir den Willen Gottes erkennen. Erst dann kann sich unser Handeln verändern, erst dann können wir zu Tätern im Glauben werden.

Wir brauchen in unserem Glauben und in unseren Beziehungen eine Balance: in unserer Beziehung zu Gott, zu uns selbst, zu unserer Nächsten und zur Schöpfung. Wenn nur eine dieser Beziehungsebenen unausgeglichen ist, kommt unser ganzer Glaube ins Wanken. Deshalb ist es wichtig, immer wieder ehrlich »in den Spiegel« zu schauen.

Wir wollen nicht nur nach außen »stark« werden, sondern einen gesunden und ausgewogenen Glauben entwickeln: Hören und Handeln, Geben und Nehmen, Schweigen und Reden, Bitten und Danken, Teilen und Empfangen, Stille und Hektik, Faszination und Alltag ...

Fragen zur Reflexion:

- Welche der beschriebenen Beziehungsebenen ist zur Zeit bei mir am schwächsten ausgeprägt?
- Wenn ich über die letzte Woche nachdenke, was steht über meinem Leben? Gebe ich eher oder empfange ich mehr? etc.
- Wann war ich zum letzten Mal von Gott fasziniert?
- Sind die Aktiv-Tipps für mich hilfreich? Was verändert sich in meinem Glauben? Wo wünsche ich mir weitere Veränderungsschritte?

Tauscht eure Antworten aus und überlegt, wie ihr einander unterstützen könnt.

c) Wer ist dein Herr?
oder: McJesus

»Ich glaube an Gott den Vater, den Allmächtigen, den Schöpfer des Himmels und der Erde, und an Jesus Christus, seinen eingeborenen Sohn, unseren Herrn.« Diese Worte des apostolischen Glaubensbekenntnisses sprechen viele Gläubige Sonntag für Sonntag im Gottesdienst. Doch was bedeutet der Titel »Herr« eigentlich? Ist das eine Art »Ehrentitel« ohne konkrete Auswirkungen für uns Christen? Oder ist die Bezeichnung »Herr« nur eine alte überlieferte Tradition, eine gebotene Höflichkeitsfloskel? Oder ist es die Unterordnung unter eine in Rang und Autorität höher stehende Person?

Im ältesten Bekenntnis der Bibel in Philipper 2,11 heißt es: *kyrios christos* – Christus ist Herr. Ein Herr war immer über *alle* Bereiche eines Sklaven Herr. Ein König konnte *alle* Bereiche seiner Bevölkerung bestimmen. So ist auch bei der Herrschaft von Jesus kein Lebensbereich davon ausgenommen. In diesem umfassenden Sinne haben die ersten Christen dieses Bekenntnis verstanden. Wie verstehst du das Bekenntnis: »Christus ist Herr«? Was bedeutet es für dich?

Oft sind wir uns nicht darüber im Klaren, was es überhaupt bedeutet, dass Gott in unserem Leben der »Herr« ist. Das ist natürlich biblisch, dass Gott unser Herr sein will, und wir sind auch bereit, das zu bekennen. Aber ist er es wirklich? Ich behaupte, dass sich vielerorts neben den vier Evangelien noch ein fünftes einge-

schlichen hat: unser eigenes Evangelium, so, wie wir es interpretieren und leben.
(Faix, *Würde Jesus ...*, Seite 63)

Es scheint, als habe sich das Anerkennen des Herrschaftsanspruchs Jesu bei vielen Christen auf ein bloßes verbales Bekenntnis oder eine fromme Redewendung (»Herr Jesus«) reduziert. Zu einem solchen Herrschaftsverständnis sagt Jesus Folgendes:

»Was nennt ihr mich immerzu Herr, wenn ihr doch nicht tut, was ich sage?«
(Lukas 6,46).

»Nicht alle, die zu mir sagen Herr, Herr, werden in Gottes neue Welt kommen, sondern nur die, die auch tun, was mein Vater im Himmel will«
(Matthäus 7,21).

Jesus ist da knallhart, sein Evangelium ist eindeutig: Wer es nicht befolgt, lebt nach seinem eigenen. (Faix, *Würde Jesus ...*, Seite 63)

Das sind klare und herausfordernde Worte. Beim Nachdenken kommt einem vielleicht der eine oder andere Bereich in den Sinn, wo man gerade nicht den Willen Jesu tut. Nicht dass man sich ganz bewusst dagegen entschieden hätte. Aber es gibt Bereiche, wo wir, eher unterschwellig, unseren eigenen Willen zum Zug kommen lassen. Deswegen meinen wir auch manchmal selbst entscheiden zu können, ob eine bestimmte Aussage Lüge oder »Halbwahrheit« ist; ob Nächstenliebe in einem freundlichen Gruß gegenüber der schwer bepackten Nachbarin besteht oder doch darin, ihr die Taschen zu tragen.

Es scheint, als wenn des »Herrn« Willen zu befolgen nicht gerade die einfachste Angelegenheit ist. Ihm zu gehorchen, fordert heraus. Denn immer wieder vermischt sich der menschliche mit dem göttlichen Willen.

Ich glaube, dass wir ganz neu ehrlich werden müssen vor uns selbst und vor Gott, damit Gottes Geist die Macht hat, uns zu prüfen und zu durchforschen, damit Jesus uns vergeben kann und uns die Kraft gibt, das zu leben, was er will; damit wir das werden, was er sich für uns vorgestellt hat, und nicht das bleiben, was wir schon lange sind. (Faix, *Würde Jesus ...*, Seite 64)

Damit wir keine »Herr-Herr-Plapperer« sind, sondern der Heilige Geist kraftvoll in uns wirken kann, hier wieder einige Impulse:

Aktiv-Tipp 1

Wenn Jesus konkret euer Herr sein soll, dann solltet ihr euch nochmal oder zum ersten Mal überlegen, welche Auswirkungen das auf euer Leben hat. Lest euch die Bergpredigt in Matthäus 5 bis 7 durch: Hier gibt Jesus Jüngerinnen und Jüngern sehr komprimiert Tipps zur Nachfolge.

Kopiert euch den Text und markiert dann alle Textpassagen, die euch herausfordern, Jesus Herr sein zu lassen. Welche nehmt ihr zum ersten Mal bewusst wahr (z. B. rot)? Welche kennt ihr bereits, setzt sie bisher jedoch nicht in die Tat um (gelb)? Bei welchen Aussagen könnt ihr euch freuen, weil ihr sie schon befolgt (grün)?

Tauscht euch anschließend darüber aus, wer sich welchen Abschnitt in welcher Farbe angestrichen hat.

Aktiv-Tipp 2

Jesus – ein Herr für alle Lebensbereiche? Hier geht es nicht um Moral, sondern um die Freiheit der Nachfolge. Es geht nicht darum, sich als Sklave zu degradieren, sondern um die Freundschaft zu Jesus. Es geht um eine ganzheitliche Nachfolge. Als Christen gehören wir Jesus ganz. Es geht darum, zu erkennen, dass dies alle unsere Lebensbereiche umfasst. Dass Jesus einfach immer dabei ist und dass so die alltäglichsten Dinge zum Gottesdienst werden.

- In welchen Bereichen meines Alltags wünsche ich mir, das mehr zu erleben? Warum gerade in diesen Bereichen?

Betet in der kommenden Woche füreinander und ermutigt euch gegenseitig durch Anrufe und Besuche, E-Mails und SMS ...

Aktiv-Tipp 3

Eine Komprimierung der Herrschaftsansprüche von Jesus findet sich in Matthäus 7,12:

Behandelt die Menschen so, wie ihr selbst von ihnen behandelt werden wollt – das ist es, was das Gesetz und die Propheten fordern.

Wie wollt ihr grundsätzlich behandelt werden? Was würdet ihr gerne mal von anderen hören? Über welche nette Geste würdet ihr euch freuen?

Überlegt gemeinsam, was das für eure Zweierschaft, Kleingruppe, Jugendkreis oder Gemeinde heißt und was sich dadurch verändern würde. Nehmt euch konkret einen Aspekt für euren Umgang untereinander vor und setzt ihn in der nächsten Woche konsequent in die Tat um.

Was nervt mich am Verhalten von Menschen in meinem Umfeld?

....

....

....

....

Wie will ich diesen Menschen in der kommenden Woche begegnen?

Was könnte andere an mir nerven?

....

....

....

....

Was kann ich dagegen tun?

Beim nächsten Treffen könnt ihr euch über eure Erfahrungen austauschen und euch einen weiteren Punkt vornehmen für den Umgang miteinander.

1 2 **3** 4

Kapitel 3

Leben teilen

»Wenn Gott nicht persönlich ist, bedeutet der Glaube auch nicht viel, er wird zur bloßen Philosophie oder zu einer Lehre von religiösen Gestalten, die längst gestorben sind. Ohne einen persönlichen Gott hat der Glaube keine persönliche Dimension. Es gibt keine Beziehung zu Gott, keine Erlösung, keine Gnade, keine Vergebung. Ohne einen persönlichen Gott gibt es keine geistige Veränderung und keine Macht, die unser Leben über bloße Selbstverbesserung heraus verändern kann. [...]

Auf der anderen Seite ist der persönliche Gott auch nie privat. Gott auf die Privatsphäre zu beschränken, war die größte Ketzerei der amerikanischen Evangelikalen im 20. Jahrhundert. Wer den öffentlichen Gott leugnet, der leugnet den biblischen Glauben selbst und lehnt die Propheten, die Apostel und Jesus ab.«

Jim Wallis

Das haben wir erlebt

Als mir aufgefallen ist, dass ich beim Beten fast ausschließlich bitte und mich hierbei nur um mich drehe, habe ich angefangen, mein Gebetsverhalten zu ändern.

Ich habe angefangen, zu danken! Das war am Anfang schon ungewöhnlich. Es hat jedoch nicht lange gedauert, bis ich viel zufriedener wurde. Den Blick weg von den Sorgen und hin auf das zu lenken, was ich alles empfangen habe, sei es materiell oder in anderen Bereichen, hat mein Verhalten geprägt.

Auf einem Zettel habe ich mir viele Dinge notiert, für die ich Gott im Gebet immer wieder danke, weil er mich so reich beschenkt hat. Dies tue ich auch in Zeiten, wenn mir gar nicht danach ist. Der Effekt ist, dass ich Stück für Stück einen völlig anderen Blick für die Dinge bekomme: Ich werde nicht nur dankbarer gegenüber Gott, sondern auch gegenüber Menschen, und gehe anders mit ihnen um.

Joachim Bauch

Kapitel 3: Leben teilen

a) Salz und Licht
oder: Strahlende Beziehungen

Was macht uns zu Salz und Licht? Was hat die Menschen damals, die Zuhörer der Bergpredigt, dazu gemacht? Sie waren fast ausnahmslos Jüdinnen. Als Nachfahren Abrahams gehörten sie dem Volk Israel an. Dieses Israel hatte sich Gott als Licht der Welt, als Salz der Erde gedacht. In diesem kleinen Volk wollte Gott sich der Welt sich zeigen. Die Nationen sollten erkennen, welche soziale Verantwortung, gesellschaftliche Ordnungen und fürsorgliche Gerechtigkeit Gott für das Zusammenleben der Menschen vorschwebte. Dieses Volk wiederum sollte ein Leben in Gottes Gerechtigkeit, in seiner Liebe und ausgerichtet auf den Schöpfer führen.

Später dann kam Jesus. Für die Zeit seines öffentlichen Wirkens war er selbst Salz und Licht. Doch mit ihm erweiterte sich das Reich Gottes über das Volk Israel hinaus auf alle, die Jesus nachfolgen. Wir sind somit gefordert, Salz und Licht zu sein, Gottes Gerechtigkeit für andere erlebbar zu machen.

Gottes Gerechtigkeit – das sind große Worte. Was kommt euch in den Sinn, wenn ihr das Wort »Gerechtigkeit« hört? Dass jeder gleich viel Schokolade bekommt? *Law and order?* Angemessen behandelt werden? Wie du mir, so ich dir? Ganz schön schwer, Gerechtigkeit zu definieren?

Zur Vertiefung
Lasst euren Gedanken freien Lauf: Was ist für euch gerecht? Was bedeutet Gerechtigkeit? Hört einander zu, ohne gleich zu diskutieren.

Im Alten Testament beschreibt zedaqah [hebräisches Wort für Gerechtigkeit] in erster Linie die Beziehung zwischen Gott und seinem Volk, dann die Beziehungen innerhalb des Volkes und schließlich die Beziehung zu Tieren und zur Umwelt. Das steht in deutlichem Gegensatz zu unserem heutigen Verständnis, in dem wir Gerechtigkeit oft nur als eine ausgleichende Gerechtigkeit (Justitia) verstehen, also auf der Sachebene: Wir suchen nach einer übergeordneten Norm zur Ausrichtung, die bei Missbrauch für Gerechtigkeit sorgt. Im Alten Testament geht es aber nicht nur um eine ausgleichende, sondern darüber hinaus um eine wiederherstellende Gerechtigkeit. (Faix, Würde Jesus ..., Seite 72)

Jetzt könnt ihr diskutieren: Worin besteht der Unterschied zwischen ausgleichender und wiederherstellender Gerechtigkeit?

Wiederherstellende Gerechtigkeit zeigt sich besonders im Bund Gottes mit den Menschen. Wir Menschen brechen diesen Bund immer wieder, aber Gott gibt ihn nie auf. Vielmehr lädt er uns immer wieder ein, den Bund mit ihm zu erneuern, und ermöglicht uns, unsererseits Beziehungen wiederherzustellen.

Findet dazu Beispiele von ausgleichender Gerechtigkeit in eurem Leben und überlegt, wie diese Situationen mit wiederherstellender Gerechtigkeit aussehen würden.

Dabei wird der Begriff ganz praktisch auf die Menschen um einen herum angewandt, also die, die einem am nächsten sind: sie brauchen unsere Hilfe, bei ihnen sollen wir anfangen, Gerechtigkeit zu leben (wie es Jesus etwa im Gleichnis vom barmherzigen Samariter zum Ausdruck bringt).
(Faix, Würde Jesus ..., Seite 72f)

Jeder bekommt, was ihm zusteht – das ist gerecht. Diese Gerechtigkeit betrifft alle Bereiche unseres Lebens, besonders unsere Beziehungen. Dann sind Beziehungen nicht in erster Linie für meine Bedürfnisse da, sondern vor allem für den anderen. In solchen Beziehungen finden verändernde Begegnungen statt.

Aktiv-Tipp 1

Auch hier geht es zunächst um ein bewusstes Wahrnehmen. *Schalom* heißt ursprünglich: »Schuldest du mir etwas?« »Nein, ich schulde dir nichts mehr.« »Gut, dann ist Friede zwischen uns.« Daraus wurde dann ein Gruß: Friede sei mit uns. Alles in Ordnung zwischen uns. Es steht keine Schuld zwischen uns. Ein sehr schöner und sinniger Gruß!

Gerechtigkeit in 100 Wörtern

Was ist Gerechtigkeit? Versucht gemeinsam, mit etwa 100 Wörtern zu beschreiben, was Gerechtigkeit bedeutet. Das ist eine Herausforderung, aber es lohnt sich! Wenn sich daran weitere Gruppen beteiligen, könnt ihr eure Ergebnisse (auf einer Tafel etc.) in der Gemeinde »veröffentlichen«.

Einige praktische Fragen können dabei vielleicht helfen; wir arbeiten uns mal von außen nach innen, vom Großen zum Kleinen vor:

- Welche globalen Ungerechtigkeiten existieren in unserer Welt? Eine Tageszeitung oder ein Nachrichtenmagazin könnten Stoff liefern ...
- Was ist in eurer Stadt, in eurem Dorf oder eurer Kirche ungerecht?
- Wo erlebt ihr in eurem eigenen Leben Ungerechtigkeit, wo ausgleichende Gerechtigkeit?
- Wie könnten die beschriebenen Situationen bei wiederherstellender Gerechtigkeit aussehen?

Aktiv-Tipp 2

Denn ich sage euch: Wenn eure Gerechtigkeit nicht besser ist als die der Schriftgelehrten und Pharisäer, so werdet ihr nicht in das Himmelreich kommen (Matthäus 5,20).

Jesus erklärt seinen Nachfolgerinnen, dass das Gesetz durch ihn erfüllt ist. Dass es nicht mehr darum geht, das *Gesetz* einzuhalten. Sondern dass die neue Gerechtigkeit sich in einer inneren Veränderung zeigt, die nach außen sichtbar wird. Nun geht es darum, das *Reich Gottes* zu leben. In diesem Reich geht es nicht um Moral, um die Erfüllung von Vorschriften. Jesus beschreibt in der Bergpredigt, wie die neue Gerechtigkeit aussieht – sie zeigt sich in ganz praktischen sozialen und ethischen Verhaltensweisen, die sich natürlich auf unsere Beziehungen auswirken. Hier und heute wird das Reich Gottes also auch in uns Christen sichtbar. Dabei geht es nicht um Idealismus oder Perfektionismus.

Wie sieht das praktisch aus?

- Was war das Kennzeichen der Christinnen?
- Und was kennzeichnet die christliche Kirche heute?
- Wofür steht die Kirche in der Stadt?
- Was wäre, wenn du nicht mehr da wärst? Wäre die Gerechtigkeit etwas unvollständiger?
- Und was, wenn eure Gemeinde von der Bildfläche verschwinden würde? Was würde eure Stadt vermissen?

Diskutiert die Fragen und überlegt, was dies für euch und die Gemeinde bedeutet. Versucht, eure Gedanken und Ergebnisse mit anderen in der Gemeinde zu teilen, zum Beispiel so:

Kapitel 3: Leben teilen

In den meisten Gemeinden ist die Zeit nach dem Gottesdienst eine gute Gelegenheit, um Beziehungen zu pflegen. (Auch wenn häufig dieselben Leute beieinander stehen und andere eher einsam sind oder zügig nach Hause fahren.)

Ladet nach dem nächsten Gottesdienst alle zu Kaffee und Kuchen ein, um die Gemeinschaft zu fördern. Sprecht die Aktion mit eurer Pastorin oder Pfarrerin ab, und dann trefft euch am Samstag zum Vorbereiten, Backen etc.

Wenn solch ein »Sonntagskaffee« bei euch längst gang und gäbe ist, kalter Kaffee sozusagen, hier ein Alternativvorschlag: Ladet nächsten Sonntag eine Person aus der Gemeinde, mit der ihr sonst wenig zu tun habt, zu euch nach Hause zum Kaffeetrinken ein ...

Aktiv-Tipp 3

Gibt es in eurer Nähe ein Altenheim, ein Kinderheim, ein Asylbewerberinnenheim, ein Krankenhaus o. ä.? Dann nehmt euch einen Nachmittag Zeit, um alte Menschen zu besuchen und mit ihnen spazieren zu gehen, zu spielen oder sich zu unterhalten. Stellt für die Kinder des Kinderheims einen Spielenachmittag, eine Fahrradrallye o. ä. auf die Beine. Schaut im Asylbewerberinnenheim vorbei und packt mit an, wo Hilfe gebraucht wird. Besucht Patientinnen im Krankenhaus und bringt ihnen eine Kleinigkeit mit.

Natürlich ist es immer gut, vorher mit den jeweiligen Verantwortlichen der Einrichtungen Kontakt aufzunehmen, einen Termin für eure Aktion abzustimmen etc. Egal, wohin ihr geht, wir sind sicher, dass ihr starke Erfahrungen mit Gerechtigkeit machen werdet!

b) Deutschland sucht den Superchrist
oder: Die Kunst, Jesus zu lieben

Endlich ist es so weit, nach Wochen des harten Ausscheidungskampfes, Tränen der Rührung und Enttäuschung, nach Momenten des Glücks und der Verzweiflung: Wir stehen im Finale! Deutschland sucht den Superchrist. [...] Starmoderator Ulli P.: »Herzlich willkommen, meine sehr verehrten Damen und Herren, wo immer Sie uns zuschauen! Ganz besonders stolz präsentieren wir Ihnen heute wieder unsere allseits beliebte und vor allem immer gerechte Jury mit Jesus C. aus H., seinem Vater und dem powervollen Holy G. Also, es kann losgehen und hier kommt auch schon unser erster Kandidat: Martin Wort. Wir sind gespannt!«

Martin Wort kommt mit einer überdimensionalen schwarzen Bibel auf die Bühne. »[...] Alle Schrift ist von Gott eingegeben und spielt somit die zentrale Rolle für uns Christen. *Sola scriptura,* wie unser Stammvater Luther schon sagte! Deshalb ist klar: Die wahre Lehre setzt sich auch hier und heute durch. Amen!«

»Vielen Dank, lieber Martin! [...] Wir freuen uns jetzt schon auf Finalteilnehmer Nummer zwei: Ekkehard Wüstensand.«

Ekkehard Wüstensand betritt langsam, bedächtig, ja fast schleppend die Bühne. »Der Schlüssel zur Begegnung mit Gott liegt in der Stille und im Gebet. Nur hier werden wir Gott finden und erleben [...]«

»Ja, vielen Dank für diese eher ruhige Ausführung. [...] Und jetzt zu Kandidatin Nummer drei: Theresa Rastlos!«

[...] »Jesus hat gesagt: Was ihr einem meiner geringsten Brüder und Schwestern tut, das tut ihr mir! Das ist das Entscheidende! Seid Täter des Wortes und nicht Hörer! Die Welt geht kaputt und ihr schaut zu? Das kann nicht sein! Gott möchte, dass wir unsere soziale Verantwortung wahrnehmen [...]«

»[...] Wir widmen uns unserem nächsten Kandidaten, Nikolaus Graf von Metanoia.«

[...] »Schwört ab der finsteren und bösen Welt. Tut Buße, denn der Tag des Herrn naht! Seht die Zeichen der Zeit; seht, wie die Welt an Macht gewinnt, und widersteht ihr. Nehmt zu in der Heiligung und sagt ab den weltlichen Genüssen und Versuchungen [...]«

»Nun, nach diesen eher ernsten, aber eindringlichen Worten kommen wir zu unserem letzten Teilnehmer, Benny Geistreich [...]«

Benny Geistreich [...] beginnt sofort mit seiner dynamischen Rede. »[...] Lasst die Halle erzittern in der Herrlichkeit des Herrn! Gottes Geist ist anwesend, ich kann ihn spüren, seine Kraft wird in euch Schwachen mächtig! Er möchte euch erfüllen und euch heilen von aller eurer Krankheit [...]«

»[...] Rufen Sie jetzt an: Wählen Sie Ihren Superchrist! Wer hat Sie überzeugt? Wählen Sie jetzt! [...] Das ist live, meine Damen und Herren, das ist unglaublich, das ist eine Sensation, das ist ein Wunder! Alle fünf Kandidaten haben exakt 20 Prozent der Zuschauerstimmen. So etwas habe ich in meiner langen Karriere als Moderator noch nie erlebt. Jetzt (kurze Pause) hat die Jury das letzte Wort.« [...]

Da richtet sich Jesus langsam auf. Es wird still. Er hat den Kopf gesenkt und erhebt ihn jetzt, das grelle Scheinwerferlicht spiegelt sich in seinen mit Tränen gefüllten Augen. Mit leiser und matter Stimme fragt er: »Habt ihr mich lieb? [...]« (Faix, *Würde Jesus ...*, Seite 80ff)

Hast du mich lieb? – Wie jetzt? Eben ging es doch noch um den Superchristen, um gelebte Nachfolge. Und jetzt geht es um Gefühle? Würden nicht alle fünf Kandidaten aus ganzem Herzen sagen: »Ja klar liebe ich dich!«? Und wenn das das entscheidende Kriterium für den Superchristen ist, müssten dann nicht alle gewinnen? Keiner der Frömmigkeitsstile scheint irgendwie besser, wichtiger, toller oder jesuskonformer zu sein als die anderen. Deshalb haben alle die Chance auf den Titel »Superchrist«.

Andererseits: Wenn die Liebe zu Jesus das entscheidende Kriterium für einen Superchristen ist, verbietet diese Liebe nicht eigentlich die Teilnahme an solch einem Casting? Schließlich ist es ein Kennzeichen von Liebe, den Geliebten in den Vordergrund zu stellen. Es geht um Jesus, nicht um mich oder meine Frömmigkeit. Was heißt es also, Jesus zu lieben? Wie wirkt es sich auf mein Leben aus?

Aktiv-Tipp 1

Wenn jemand weiß, wie echte Liebe zu Jesus aussieht, dann Jesus selbst. Seht euch einige Bibelstellen an, in denen Jesus von Liebe spricht. Und haltet im Gespräch fest, was diese Liebe kennzeichnet, was sie ausmacht, wie sie sich zeigt …

- Johannes 21,15–25
- Johannes 13,34–35
- Lukas 7,36–50
- Matthäus 25,40
- Johannes 14,15–23
- Markus 12,30

Paulus und Johannes folgern daraus:

- 1. Johannes 4,19–21
- 1. Korinther 13

Was fällt euch auf, wenn ihr an eure Liebe zu Jesus denkt? Welche Aspekte entdeckt ihr bei euch? In welchen Bereichen könntet ihr eurer Liebe noch mehr Ausdruck verleihen?

Aktiv-Tipp 2

Bei manchen Christen hat man schnell den Eindruck, dass sie Liebe ausstrahlen und von Jesus wie von einem echten Freund reden, eine starke und innige Beziehung zu ihm haben. Dieser Eindruck ist schwer in Worte zu fassen, aber wenn wir so jemandem begegnen, spüren wir diese Jesus-Liebe sofort.

Kennt ihr so jemanden? Ruft diese Person an, ladet sie zum Kaffeetrinken ein oder besucht sie. Und dann hört zu, was Jesus diesem Menschen bedeutet, wie er seine Beziehung zu Jesus lebt.

Tauscht euch danach darüber aus, was euch beeindruckt, herausgefordert, erstaunt ... hat. Und nehmt euch konkret vor, ihrem Beispiel in einem Punkt zu folgen.

Aktiv-Tipp 3

Stell dir vor, du bist über beide Ohren verliebt. So richtig verknallt. Was wünschst du dir für diese Beziehung? Was ist dir wichtig? Was tust du? Ganz klar: Ihr wollt möglichst viel *Zeit* miteinander verbringen und opfert alles mögliche dafür. Du willst, dass es dem anderen gut geht, und überhäufst ihn deshalb mit *Geschenken,* Aufmerksamkeiten, lieben Worten und steckst dabei selbst problemlos zurück. Deine Gedanken kreisen um diese eine Person!

Wieviel *Zeit* verbringt ihr bewusst mit Jesus? Wenn ihr den Eindruck habt, ihr könntet Jesus eure Liebe etwas deutlicher zeigen, dann reserviert euch einen Nachmittag oder einen ganzen Tag. Fahrt in ein Kloster, geht in eine Kirche oder in die Natur ...; richtet euer Wohnzimmer gemütlich her. Nehmt euch dann ganz bewusst Zeit für Jesus und die Begegnung mit ihm in Bibeltexten, Gebeten, Stille, Gesprächen, Meditationen ... Sicher hilft es, euch an diesem Nachmittag oder Tag immer wieder einmal bewusst zu machen, dass ihr Jesus zeigen wollt, wie sehr ihr ihn liebt.

Vielleicht ist es schwirig, Jesus etwas zu *schenken*. Aber überlegt doch einmal, wie ihr liebevolle Worte für Jesus finden könnt. Oder was Matthäus 25,40 in diesem Zusammenhang bedeutet ...

Wenn euch noch mehr Beispiele einfallen, was Verliebte so tun und sich wünschen, fallen euch vielleicht auch noch weitere Parallelen zu eurer Liebe zu Jesus ein.

Wichtig ist: Legt jetzt fest, was ihr konkret tun wollt, und dann legt liebevoll los.

c) Die christliche Konsumgesellschaft
oder: Neu teilen lernen

Hast du schon mal darüber nachgedacht, *warum* du dir etwas kaufst? Unser eigenes Konsumverhalten überdenken wir erst dann, wenn wir plötzlich weniger haben, als wir gewohnt waren. Meistens fangen wir erst in Krisen (Wirtschaftskrisen, persönlichen Krisen wie Arbeitslosigkeit etc.) an, darüber nachzudenken, warum und wann wir uns was gönnen. Doch auch in »normalen« Zeiten lohnt sich die Frage: Was versprechen wir uns von unserem Konsum? Warum wollen wir immer das Neueste und Modernste haben? Wir beginnen, uns mit anderen zu vergleichen, und stellen fest: Was der hat, will ich auch! Meinr Nachbarin hat einen schicken neuen Kaffeevollautomaten, der wunderbaren Kaffee, Cappuccino und Espresso brüht und sich auch noch selbst reinigt. Meine Arbeitskollegin hat ein neues Smartphone, so ein Handy, das alles kann.

In unseren Kirchen und Gemeinden finden wir oft dasselbe Prinzip.

Ich bin mit dem, was ich erreicht habe, nicht zufrieden. Ich vergleiche mich ständig mit den Leuten, die genau die Gabe haben, die mir fehlt.
(Faix, *Würde Jesus ...*, Seite 86)

Und dann fangen wir an, zu glauben, dass es uns viel besser geht, wenn wir dieses oder jenes erst haben. Tatsächlich macht Konsum glücklich. Aber wie lange? Zwei Wochen? Zwei Monate? Neue Sachen beglücken uns nur solange, bis sie normal geworden sind. Das kann ziemlich schnell gehen, und schon brauchen wir wieder etwas Neues. In der Wissenschaft beschäftigt man sich mit der Frage: Was macht einen Menschen glücklich? Ein Ergebnis der Untersuchungen ist: Wir werden glücklicher, wenn wir andere beglücken. Vielleicht verstehen wir vor diesem Hintergrund wieder neu, was in der Bibel längst klar ist:

> *Liebe den Herrn, deinen Gott, von ganzem Herzen, mit ganzem Willen und mit aller deiner Kraft und deinem ganzen Verstand! Und: Liebe deinen Mitmenschen wie dich selbst!* (Lukas 10,27).

Lieben wir Gott, unsere Nächste und uns selbst? Sind wir nicht oft unzufrieden und meckern an uns selbst und anderen herum? Messen wir uns nicht ständig mit anderen und versuchen, sie zu übertrumpfen? Sind wir nicht manchmal sogar enttäuscht von Gott? Warum eigentlich? Warum sind wir nie ganz zufrieden?

So ähnlich ist es wohl auch mit unserem geistlichen Leben. Wir sitzen im Gottesdienst und nörgeln an allem herum, was uns nicht passt. Die Predigt spricht uns nicht an, die Atmosphäre beim Lobpreis gleicht einer Trauerfeier und das Theaterstück war mal wieder nur abgelesen. Warum sind wir eigentlich noch hier, wenn das alles irgendwo anders viel besser ist?

Bewusst und unbewusst ist unser Kriterium oftmals die Frage: »Was bringt mir das?«. Wer kennt nicht die Sonntage, an denen man sich zum Gottesdienst quält oder unzufrieden nach Hause kommt? Die Frage ist nur: War der Gottesdienst tatsächlich schlecht oder lag es an meiner Haltung? Warum gehen wir überhaupt in den Gottesdienst? Sind Gottesdienste nur dann gut, wenn ich schön konsumieren kann? Wenn sie mir etwas bringen?

> *Manchmal ertappe ich mich dabei, wie ich ankomme, mich setze und das Ganze dann aus der sicheren Distanz beobachte: die Moderation, den Lobpreis, die Predigt und was sonst so geboten wird. Dabei überlege ich, was mir das jeweils gerade »bringt«, und werte es nach meinen subjektiven Maßstäben. Der Lob-*

preis ist also dann gut, wenn er mich berührt. Die Predigt hat dann Tiefe, wenn sie meiner Theologie entspricht, und überhaupt geht es ja nur um mich ... [...] Wir erwarten von der Gemeinde, dass sie uns dient, anstatt zu fragen, wie wir der Gemeinde dienen können. (Faix, *Würde Jesus* ..., Seite 86f)

Schließlich sind wir es im »Geiz-ist-geil«- und »Frühstück-bei-IKEA«-Zeitalter gewohnt, alles schnell und unkompliziert zu bekommen. Dabei gerät das, was Gott uns schenkt – etwa dass wir in Freiheit und Wohlstand leben –, schnell in Vergessenheit. Wir haben vergessen, wofür wir danken können. Stattdessen wollen wir immer noch mehr.

Es ist verrückt: Wohlstand und Freiheit machen uns nicht etwa dankbar, sondern fangen an, uns zu vergiften. Plötzlich wird mir klar, warum ein Kamel leichter durch ein Nadelöhr kommt als ein Reicher in den Himmel. Ich bin reich. [...] Ich merke, wie tief das Konsumdenken sich in mich hineingefressen hat und wie nötig ich eine Entgiftung brauche. (Faix, *Würde Jesus* ..., Seite 87)

Hier gibt es Ideen für euren Start in die Entgiftungskur:

Aktiv-Tipp 1

In der Fastenzeit verzichten viele Menschen heutzutage auf Dinge, die sie sonst täglich konsumieren (Fernsehen, Rauchen, Süßigkeiten, Computerspielen, Alkohol, Internet usw.). Danach freut man sich wieder ganz neu über Alltägliches. Auch wenn ihr dieses Buch nicht gerade vor Ostern lest, läutet heute eure persönliche Fastenzeit ein. Dazu überlegt sich jede aus eurer Gruppe, worauf sie während der kommenden Woche verzichtet. Wenn du dich also entscheidest, ab sofort Nutella (oder ein nahezu gleichwertiges Ersatzprodukt) zu fasten, solltest du das sechs Tage lang durchhalten. Am siebten Tag darfst du das inzwischen verstaubte Nutellaglas endlich wieder öffnen und den Inhalt dankbar genießen. Mal sehen, was ihr euch dann zu erzählen habt!

Aktiv-Tipp 2

Was brennt euch gerade unter den Nägeln? Welches Konsumgut (CD, DVD, *Fast Food,* Dekoartikel, Buch, Kleidung ...) plant ihr in den nächsten Tagen zu kaufen? Dinge, die ihr nicht zwingend braucht, sondern vor allem deswegen kauft, um euch selbst etwas Gutes zu tun. Unterhaltet euch als Gruppe darüber, bevor ihr weiterlest.

Paulus schreibt in 1. Korinther 4,8, dass alles, was wir haben, ein Geschenk von Gott ist. Wir haben es nicht selbst verdient, sondern dürfen es verwalten. Wir sollen es einsetzen für Gottes Reich und nicht zur Vermehrung unseres eigenen Wohlstands. Solches Teilen hat den *sozialen Effekt,* dass man mit den Menschen, mit denen man teilt, in Beziehung ist. Man muss sich vielleicht einigen oder absprechen und vielleicht sogar zuvor miteinander einen Konflikt lösen.

Ein *geistlicher Effekt* liegt darin, dass Gott das Teilen segnet, wie die Bibel an vielen Stellen zum Ausdruck bringt. In Gottes neuem Reich vermehrt sich der Lohn eben nicht durch Anhäufung, sondern durch Teilen.

Kennst du jemanden, die denselben Geschmack oder ähnliche Interessen hat wie du? Jemand, die sich über das, was du dir eigentlich kaufen willst, genauso freuen würde? Sehr gut: Geh los, kaufe dir deinen Wunschgegenstand und schenke ihn dieser Person.

Falls du einen so einzigartigen Geschmack hast, dass es niemanden gibt, die sich dasselbe wünscht wie du: kaufen! Aber: verdopple zuvor den Preis. Und mit der Hälfte des Geldes tue jemandem etwas Gutes. Besorge der Taxifahrerin am nächsten Taxistand eine aktuelle Tageszeitung, spendiere einem Kind ein Eis (natürlich nur, sofern die Eltern einverstanden sind ...), gib einer Bekannten, von der du weißt, dass sie es nötig hat ...

Eine andere Möglichkeit, den eigenen Konsum zu reduzieren, ist urbiblisch: teilen. Was könnte ich mir mit meiner Nachbarin oder meinen Freundinnen teilen? Braucht wirklich jede einen eigenen Rasenmäher? Auch Waschmaschine oder Auto können durchaus geteilt werden. Vielleicht hilft eine Liste von Gegenständen, die man nicht täglich braucht. Einen Versuch ist es wert!

Erzählt bei eurem nächsten Treffen von euren Erfahrungen.

Aktiv-Tipp 3

Hier geht es um unsere Haltung:

Wir erwarten von der Gemeinde, dass sie uns dient, anstatt zu fragen, wie wir der Gemeinde dienen können. (Faix, Würde Jesus ..., Seite 87)

Vor allem lasst nicht nach in der Liebe zueinander! Denn die Liebe macht viele Sünden wieder gut. Nehmt einander gastfreundlich auf, ohne zu murren. Dient einander mit den Fähigkeiten, die Gott euch geschenkt hat – jeder und jede mit der eigenen, besonderen Gabe! Dann seid ihr gute Verwalter der vielfältigen Gnade Gottes (1. Petrus 4,8–10).

Jede von uns kann etwas beitragen, so Petrus. Christliches Konsumdenken widerspricht zutiefst der Grundidee der von Gott ausgeteilten Gaben und Fähigkeiten. Dabei haben wir Konsumdenken schon viel tiefer verinnerlicht, als wir wahr haben wollen, besonders, wenn es um Gottesdienste geht. Das Hauptanliegen des Gottesdienstes ist ja nicht, ob es mir gefällt, mir etwas bringt, mich berührt. Sondern es geht in erster Linie um Gott und um die Gemeinschaft aller. Die richtigen Fragen lauten also: Ehrt der Lobpreis Gott? Stärkt die Predigt die Gemeinschaft?

Wo haben sich individualistische und konsumorientierte Gedanken und Ansprüche in meine Haltungen und Erwartungen eingeschlichen, die korrigiert werden müssen? In welchen Bereichen bete ich eher „Vater mein" statt „Vater unser"?

Unterhaltet euch über eure Erwartungen an den nächsten Gottesdienst (Hauskreis etc.).

Wie könntet ihr die Gemeinschaft innerhalb eurer Gemeinde stärken?

Wo liegen zur Zeit die größten Nöte und Herausforderungen eurer Gemeinde? Wie könntet ihr euch einsetzen? Vielleicht besucht ihr Mal eure Pfarrerin oder eure Pastorin und fragt, wo ihr gebraucht werdet?

Braucht es Menschen, die anderen nachgehen, die sich vielleicht zurückgezogen haben? Menschen, die auf einsame Leute zugehen? Braucht es Unterstützung am Büchertisch, beim Kaffeekochen und Abwaschen? Wäre ein Fahrdienst hilfreich?

Kurz: Wie könnt ihr eure Gaben einsetzen, damit andere Menschen Gott begegnen?

1 2 3 **4**

Kapitel 4

Gemeinsam folgen

»Biblische Bilder von der Gemeinde machen deutlich, dass die Gemeinde von ihrem Wesen her missionarisch ist oder sie ist keine Gemeinde. Das missionarische Wesen der Gemeinde schließt die erklärte Absicht zur Transformation der Welt, in der die Gemeinde existiert, ein. [...]

Mission der Gemeinde muss sowohl die Proklamation des Wortes Gottes als auch die soziale Aktion beinhalten. Erst da, wo die Gemeinde ihre transformative Rolle in der Welt wahr nimmt, wird sie ihrer missionarischen Aufgabe gerecht.«

Johannes Reimer

Das haben wir erlebt

In Jesaja 58,1–7 steht, dass die Begegnung mit einem Obdachlosen Gott scheinbar wichtiger ist als mein neuer iPod. Klar, das ist nicht neu für mich. Ich weiß auch, wenn ich jemandem etwas zu Essen und zu Trinken gebe, dann gebe ich das Gott. Das ist alles ganz klar in meinem Kopf abgespeichert. Doch ganz ehrlich: Ich gehe Obdachlosen eher aus dem Weg.

Weil Andi Schuß Jugendreferent in unserer Gemeinde in Hanau ist, durften wir dieses Buch vorab in unserem Hauskreis »testen«. Ich habe gemerkt: Die Aktiv-Tipps sind richtig gut, wenn man wirklich losgeht.

Beim ersten Aktiv-Tipp ging es um konkrete Ideen, was wir als Hauskreis in Bezug auf Gottes Gerechtigkeit tun können. Doch unsere Antworten kamen eher spärlich, keine hat so richtig eingeschlagen. Also nahmen wir uns den zweiten Aktiv-Tipp vor und fuhren ein paar Tage später nach Hanau in die Innenstadt.

Da standen wir nun. Und mir war komisch zumute! Ich war mir ganz sicher, dass ich keinen Obdachlosen ansprechen wollte. Aber beten wollte ich. Und so zogen wir in Grüppchen oder alleine durch die Stadt. Ich wollte die Menschen, die mir begegnen würden, mit Jesu Augen ansehen. Ich konnte sonst nicht viel für sie tun, ich betete einfach für sie.

Vielleicht beginnt es genau hier, dass wir Jesus ähnlicher werden: wenn wir die Menschen mit seinen Augen ansehen, wahrnehmen, was sie brauchen, sie vor Gott bringen. Sicher, ich wünsche mir, dass ich freier werde, auf Obdachlose zuzugehen und ihnen ganz praktisch zu helfen. Mit Gottes Hilfe werde ich das bestimmt lernen. Sofern ich aktiv werde.

Kathrin Weigel

a) Spiritualität
oder: Ganzheitlich glauben lernen

Spiritualität. Spiritualität? Was versteht ihr eigentlich darunter? Nehmt euch ein paar Minuten Zeit und definiert diesen Begriff für euch. In euren Gedanken taucht dabei nur ein großes Fragezeichen auf? Dann seid ihr in guter Gesellschaft. Auch wenn der Begriff Spiritualität in der letzten Zeit immer öfter in den Medien, in Predigten etc. auftaucht, ist längst nicht allen klar, was er eigentlich bedeutet.

Manche bezeichnen »Spiritualität« auch als Containerbegriff: Jeder kann die Bedeutung hineinlegen, die ihm persönlich gefällt. Stille Zeit, Esoterik, mystische Übungen, fernöstliche Meditationen oder einfach irgendetwas Sinnstiftendes. So wundert es keinen, wenn alle Menschen irgendwie auf spiritueller Suche sind – auf der Suche nach dem Sinn oder Gott oder so.

Und ihr? Auf welcher Suche seid ihr? Auf der Suche nach dem Sinn und Ziel des Lebens? Auf der Suche nach Gott, der Begegnung mit ihm in der Stille, im Alltag oder in seiner Schöpfung?

Spiritualität beginnt genau mit dieser Suche nach mehr, nach mehr von Gott. Die Sehnsucht in uns, diesem Gott zu begegnen, ist der erste Schritt, Spiritualität zu leben. So mache ich mich immer wieder auf die Suche nach der Begegnung mit Gott. (Faix, *Würde Jesus ...*, Seite 104)

Wenn ihr als Christ länger als fünf Minuten auf der Suche seid, habt ihr ja auch schon etwas gefunden. Begegnungen mit Gott, die euch etwas bedeuten und euch verändert haben. Was habt ihr auf eurer geistlichen Reise bisher entdeckt?

Doch ungeachtet dessen seid ihr vermutlich trotzdem weiter auf der Suche. Weil ihr euch nach mehr sehnt. Und vielleicht auch, weil die Bibel Spiritualität viel umfassender versteht als wir.

Die Bibel kennt viele Formen der ganzheitlichen Spiritualität und weiß, wie wichtig die Einheit zwischen Geist, Seele und Leib ist. Diese Einheit ist uns weitgehend verloren gegangen. Viele sind es nicht mehr gewohnt, Gott mit ihrem Körper anzubeten, eine Einheit zu bilden und das auszudrücken, was man mit Verstand und Seele sagen möchte. (Faix, Würde Jesus ..., Seite 104)

Unser ganzes Leben kann also spirituell sein. Schweigen, Reden, Fühlen, Denken und Handeln eines Menschen gehören zum geistlichen Lernprozess dazu. Das schließt die Zeit, die ich in der Stille mit Gott verbringe, genauso ein wie meinen praktisch gelebten Glauben in Beruf, Schule, Familie und Freizeit. Doch wie sieht ganzheitliche Spiritualität im Alltag aus? Wie kann ich meinen Glauben als Beziehung zu mir selbst, zu meinen Nächsten, zu Gottes Schöpfung und zu Gott leben? Die Ausdrucksformen unseres Glaubens sind ebenso vielfältig wie unsere persönlichen und charakterlichen Wesenszüge, unsere familiären Situationen und unser Alltag. Auf der Suche nach einer Spiritualität des Alltags ...

Aktiv-Tipp 1

Die wichtigste Dimension von Spiritualität ist die Kommunikation, die Begegnung mit Gott. In der zwischenmenschlichen Kommunikation teilen wir uns nicht nur durch Worte, sondern auch durch Gesten, durch unsere ganze Körpersprache mit. Dabei wird das Gesagte, meistens unbewusst, durch eine Geste mit dem Kopf, mit den Händen oder Armen unterstrichen (und manchmal auch das Gegenteil ...). Ebenso können wir Gott gegenüber etwas durch unsere Körperhaltung zum Ausdruck bringen:

Ich stehe und lasse meine Arme locker hängen. (Dabei könnt ihr euch gegenüber oder im Kreis aufstellen. Neben euch benötigt ihr jeweils etwa einen Meter Raum.) Langsam hebe ich die Arme mit den Handflächen nach unten in die Höhe. Wenn sie horizontal ausgestreckt sind, drehe ich die Handflächen um und bewege die Arme weiter nach oben. Dabei bete ich: »Gott, ich öffne mich für dich.« – Ich spreche vor Gott aus, was mir durch den Kopf geht.

Ich hebe die Arme weiter. Ganz nach oben gerichtet, halte ich meine Hände noch immer geöffnet, etwas auseinander. Langsam drehe ich mich mit den Füßen einmal um meine eigene Achse und bete: »Gott, umhülle mich.« – Auch jetzt verweile ich und teile Gott meine Gedanken mit.

Ich blicke wieder nach vorne, bringe meine Hände über dem Kopf zusammen und lasse sie so langsam herabsinken bis zur Brusthöhe. Ich bete: »Gott, durchdringe mich.« – Ich halte wieder inne und wende mich an Gott.

Dann führe ich meine Hände weiter bis zum Bauch, wo ich sie zu einer offenen Schale forme. Abschließend bete ich: »Gott, erfülle mich. Amen.«

(Diese Übung verdanken wir Peter Lincolns Buch *Der Raum in mir*.)

Aktiv-Tipp 2

Die Hinwendung zum Nächsten ist eine wichtige Dimension der Spiritualität. Lest einmal 3. Mose 19,33 und 34! Die Bereitschaft, ohne zögern zu geben, die Offenheit für den Fremden und der Wille zur Begegnung sind Teil einer Gastfreundschaft, die für die Bibel selbstverständlich ist. Anscheinend haben wir das irgendwie verlernt. Jesus selbst lehrt uns, zu Gast bei den Menschen zu sein. Er lehrt uns, sein Gast zu sein, damit wir dann für andere, die Jesus noch nicht kennen, Gastgeber werden können. Darin liegt der geistliche Aspekt der Gastfreundschaft.

Darum ladet das benachbarte Ehepaar, die E-Jugend eures Sportvereins, die Schüler einer Koranschule, am Rande stehende Mitschüler, eine Seniorengruppe ... ein. Seid Gastgeber einer Grill-, Garten-, PC-Game-, Fußball-, Federweißer-, Waffel-, Kinder- oder Nachbarschaftsparty. Ladet Menschen ein, die nie damit gerechnet hätten. Seid einfach nur Gastgeber. Der Heilige Geist selbst wird jedem Gespräch, jeder zuvorkommenden Geste eine geistliche Note verleihen. Er wird durch uns wirken.

»*Gastfreundschaft und Nächstenliebe sind Gradmesser echten Christseins.*«
Peter Hahne

»*Gastfreundschaft und Gewährung von Schutz gehören zum urbiblischen Auftrag der Christen.*« Karl Lehmann

Wen ladet ihr ein? Viel Spaß beim Gastgeber sein!

Aktiv-Tipp 3

Schaut euch gemeinsam den Film *Unsere Erde* an (www.unsere-erde-derfilm.de): ein grandioser Naturfilm, ein Muss für jeden, der sich für Gottes Schöpfung interessiert (auch wenn die Regisseure meinen, das Leben auf der Welt sei einem kosmischen Unfall zu verdanken ...). Geht im Anschluss an den Film hinaus in die Natur und genießt Gottes Schöpfung live. Erfreut euch an schönen Wäldern, duftenden Blumenwiesen oder schneebedeckten Hügeln. Eure Freude über die Schöpfung freut den Schöpfer!

Und dann bewaffnet euch mit Müllsäcken und Handschuhen und geht hinein in eure Stadt, in den Wald oder einen nahegelegenen Park, dorthin, wo ihr Schmutz und Abfall erwartet. Sammelt den Müll ein und entsorgt ihn.

Ihr denkt: „Dass haben wir doch schon in der Grundschule gemacht, und auf einmal soll das jetzt spirituell sein?!" Genau so ist es. Eine kleine Aktion zur Bewahrung von Gottes Schöpfung. Achtet dabei nicht nur auf den Müll, sondern auch auf Gottes liebevoll gestaltete (und gerade gesäuberte ...) Natur.

b) An welchen Jesus glaubst du?
oder: Jesus neu sehen lernen

Was für eine bescheuerte Frage! – Na ja, an den, der da in der Bibel steht, der irgendwann so um das Jahr 0 gelebt hat und der irgendwie von ein paar Römern ans Kreuz geschlagen wurde – und auferstanden ist er auch.

Und wie ist dieser Jesus so?

Wie? Ja, na ja, gut war er ... oder so! Der war schon cool ... Hat lauter tolle Sachen gemacht und gesagt. Vielen Menschen hat er geholfen, Kranken und so.

Wie stellst du dir eigentlich Jesus vor?

Wie reagiert er, wenn du mal wieder Mist baust und reumütig ankommst? Wie stark ist er? Oder was kann er alles? (Faix, Würde Jesus ..., Seite 115)

Und wie stellt uns die Bibel Jesus vor?

Da sagte Simon Petrus: »Du bist Christus, der versprochene Retter, der Sohn des lebendigen Gottes!« (Matthäus 16,16).

Wer auf diesen Stein [Jesus] stürzt, wird zerschmettert, und auf wen er fällt, den zermalmt er (Matthäus 21,44).

Dann nahm er [Jesus] die Kinder in die Arme, legte ihnen die Hände auf und segnete sie (Markus 10,16).

Im Vorhof des Tempels sah er [Jesus] *die Händler, die dort Rinder, Schafe und Tauben verkauften; auch die Geldwechsler saßen dort an ihren Tischen. Da machte er sich aus Stricken eine Peitsche und trieb sie alle aus dem Tempelbezirk, mitsamt ihren Rindern und Schafen. Er fegte das Geld der Wechsler zu Boden und warf ihre Tische um* (Johannes 2,14–15).

[...] *Wir wissen jetzt, dass er wirklich der Retter der Welt ist* (Johannes 4,42).

So, und jetzt? Bist du erstaunt, entrüstet, verwirrt, gelangweilt …? Passen diese Aussagen zu deiner Vorstellung von Jesus? Ist das *dein* Jesus? Oft können wir gar nicht so genau beschreiben, wie Jesus eigentlich ist. Aber wenn dann etwas unserem Bild widerspricht, merken wir ziemlich schnell, wie wir uns Jesus vorstellen.

Für viele von uns ist Jesus so eine Art *Fast-Food*-Jesus: ein selbst zusammengestelltes Menü, das nur für uns und unsere Bedürfnisse da ist. Für die einen heißt das, dass Jesus sie über alles liebt, alles vergibt und sie immer zu ihm kommen können, um bei ihm zu kuscheln und sich trösten zu lassen. Für die anderen wiederum ist Jesus eher der Hardliner, der ganz genau auf die Regeln achtet. Er hat immer seinen Gesetzeskatalog dabei und erinnert sie an jede einzelne Übertretung, die sie begehen. Wieder andere glauben an den Revolutionär Jesus, der heute noch in die Kirchen stürmen, Taufbecken und Opferstöcke umwerfen würde, bevor er dann mit einer Motorsäge auf die Orgel losgehen würde. Jesus rüttelt die Menschen auf. Und für manche ist Jesus so eine Art Sozialarbeiter. Einer, der den Notleidenden hilft und der die Welt ein kleines bisschen besser macht.

Wie sieht dein Jesus aus? Wer von uns weiß wirklich, wer Jesus ist? Vielleicht stimmen alle Bilder, vielleicht gar keins … Und helfen sie, Jesus zu beschreiben, wie er ist? Oder zeigen sie nur, was wir von ihm halten?

Jesus ist nicht dazu da, deine Vorstellungen zu befriedigen. Sondern es geht darum, dass du ihm nachfolgst. McJesus – kenn ich nicht! Jesus Christus – will ich immer wieder neu kennen lernen! (Faix, *Würde Jesus …*, Seite 116)

Aktiv-Tipp 1

Nehmt euch etwas zu schreiben, setzt euch alleine in eine ruhige Ecke und macht euch Notizen über euer Bild von Jesus.

Was hast du für ein Jesus-Bild? Ist dein Jesus eher der Eltern-Jesus? Der Kindergottesdienst-Jesus oder der Jugendkreis-Jesus? Der Freunde-Jesus oder der Partner-Jesus ...?

Durch welche Menschen und Erfahrungen wurden deine Vorstellungen von Jesus in Frage gestellt und auch erweitert? Was hat sich bestätigt und welche Bilder hast du verworfen?

Erzählt euch anschließend von euren Vorstellungen. Entsteht aus euren gemeinsamen Bildern eine Art Gruppenbild von Jesus? Was passt zusammen? Wo stimmen eure Bilder nicht überein? Wo wird dein bisheriges Bild durch den Blickwinkel der anderen ergänzt: größer, wunderbarer, anbetungs- und nachfolgewürdiger ...? (Auf www.neufeld-verlag.de/blog findet ihr eine PowerPoint-Präsentation mit Jesus-Bildern.)

Zum Schluss nehmt euch Zeit, Jesus ausgiebig zu loben und euch daran zu freuen, dass ihr ihn kennen dürft!

Aktiv-Tipp 2

Rüstet euch mit einer Videokamera (oder einem Notizblock, wenn euch das zu aufwendig ist) aus und interviewt andere Menschen (Gemeindemitglieder, eure Pfarrerin, eure Großeltern ...) nach ihren Jesus-Bildern.

Versucht dabei zu entdecken, wie unterschiedlich Menschen Jesus erleben. Nehmt diese Vielfalt bewusst wahr, indem ihr die verschiedenen Aussagen besprecht. Sucht euch jeweils zwei Aspekte heraus, die ihr komisch findet oder die euch ganz neu sind. Bewegt diese Dinge in den nächsten Tagen immer wieder für euch und besprecht sie mit Jesus. Was ändert sich dadurch an curem Jesus-Bild?

Aktiv-Tipp 3

In Matthäus 25,40 heißt es:

Was ihr für einen meiner geringsten Brüder oder für eine meiner geringsten Schwestern getan habt, das habt ihr für mich getan.

Lest den Vers gleich noch einmal und lasst ihn auf euch wirken.

- Ging es dir schon einmal richtig schlecht? Warst du wirklich auf Hilfe angewiesen? Hat dir in dieser Situation jemand geholfen?
- Kannst du dir vorstellen, dass Jesus sich so stark mit dir identifiziert, dass deine Helferin oder dein Helfer somit Jesus selbst geholfen hat? Genial, oder?
- Hast du jemanden, der Hilfe brauchte, schon einmal so gesehen? Hast du ihm in dem Bewusstsein geholfen, Jesus zu helfen? Ist das nicht eine riesige Motivation, zu helfen?

Nehmt euch vor, in der kommenden Woche mit suchenden Augen (und Herzen) Ausschau zu halten nach Menschen, die am Boden sind und die Hilfe benötigen. Nehmt euch also vor, Ausschau nach Jesus zu halten.

- Wo und wie könnt ihr Jesus helfen?
- Was seid ihr bereit, zu investieren, um ihm etwas Gutes zu tun?
- Ändert sich euer Bild von Jesus im Laufe dieser Woche? Wie?

Ihr könnt euch auch als Gruppe auf die Suche nach Gelegenheiten begeben, etwas für die geringsten Geschwister von Jesus und damit für ihn selbst zu tun.

c) Neumer und Ort – Eine Kurzgeschichte
oder: Warum Christen ein Leib sein sollten ...

Die Einweihung war vorbei, sie hatten noch etwas Zeit, und so schleppten seine chinesischen Geschäftspartner Neumer in den Aufzug, um ihm einen unbeschreiblichen Blick über Shanghai zu zeigen. Neumer blickte quer in den Fahrstuhl und obwohl der mit bestimmt 20 Menschen gefüllt war, hatte er dabei freie Sicht. Er überragte die Chinesen um mindestens einen Kopf und kam sich vor wie ein Riese. Während er über die letzten Tage nachsann, entdeckte er einen weiteren Riesen, der an der Wand gegenüber lehnte. Neumer erkannte sofort den Europäer, vielleicht sogar ein Landsmann. Neumer verließ den Aufzug absichtlich langsam, um die riesige Plattform aus Glas und Stahl gemeinsam mit dem Europäer zu betreten. »Großartiger Blick«, eröffnete er etwas unsicher und blickte den Fremden hoffnungsvoll an. »Ja, schade, dass die Sicht durch den Smog so eingeschränkt ist.«

Neumer entspannte sich. Ein Schwabe, nicht zu überhören! Die können alles, außer Hochdeutsch, dachte er und lächelte unwillkürlich. Er mochte den schwäbischen Akzent nicht, aber hier, so fern der Heimat, war er froh über jedes schwäbische Wort. Sie kamen ins Gespräch und stellten fest, dass sie beide geschäftlich in Shanghai waren. Dann verabredeten sie sich für den Abend in Neumers Hotel; Neumer hatte Ort, seine Fahrstuhlbekanntschaft, im Überschwang der heimatlichen Gefühle zum Essen eingeladen.

Der Abend begann holprig, sie tauschten Berufliches aus und beklagten die unterschiedliche Mentalität von Asiaten und Europäern. »Ja, da fehlen halt die Werte«, sagte Ort und fügte, halb flüsternd, hinzu: »Als Christ ist mir das eben besonders wichtig.« Neumer schaute von seinen frittierten Garnelen auf und sah Ort direkt ins Gesicht. Der erschrak, bereute seine Aussage umgehend und ging in Gedanken sein spärliches apologetisches Repertoire durch. Jetzt ärgerte er sich, dass er vier Wochen zuvor nicht am Seminar »Den Glauben verteidigen mit C. S. Lewis« für christliche Geschäftsleute teilgenommen hatte. Da rief Neumer überschwänglich: »Bruder, lass dich umarmen!«, und ehe er sich versah, lag Ort im massigen, schwitzenden Körper Neumers. Der machte in wenigen Sekunden eine komplette Metamorphose durch und war wie ausgewechselt. Nur langsam ließ er Ort los, rang mit den Tränen. »Mitten im Feindesland ein Bruder, das gibt's doch gar nicht«, murmelte er immer wieder und versuchte, seine Gefühle in den Griff zu bekommen. »In was für eine Gemeinde gehst du denn?« Neumer setzte sich wieder.

Jetzt lief das Gespräch wie von selbst und sie unterhielten sich über die verschiedenen Gemeindeformen. So unterschiedlich, wie die beiden Geschäftsleute waren, waren auch ihre Gemeinden. Während Neumer unentwegt von den großen Visionen des »Christlichen Centrums Bremen« erzählte, wurde Ort immer ruhiger. In seiner Landeskirchlichen Gemeinschaft gab es nicht viel Spektakuläres. Er war seit neun Jahren Ältester und Vorstand und vor allem für das Finanzielle zuständig. Das ist nun mal das Los von Geschäftsleuten. Außerdem verpasste er viele Sitzungen, da er beruflich häufig unterwegs war. Aber die Gemeinde gab ihm Sicherheit, der Ältestenposten verlieh ihm Anerkennung. Neumer erzählte weiterhin begeistert vom CCB, von der anbrechenden Erweckung, die er ganz genau spüre.

Ort wurde plötzlich müde, sein Kopf schmerzte und der chinesische Wein schmeckte fürchterlich. Jetzt ein rechtes Viertele und dann ins Bett, dachte er. Da darauf keine Aussicht bestand, beschloss er, gleich ins Bett zu gehen.

Kapitel 4: Gemeinsam folgen

Ort entschuldigte sich und verwies auf wichtige Termine am frühen Morgen. Dann stand er auf, bedankte sich für die Einladung und lud Neumer für den nächsten Abend ein, was er im Aussprechen schon bereute. Neumer bedankte sich ebenfalls und nahm ihn noch einmal in den Arm.

Am nächsten Abend trafen sie sich, wie verabredet, in Orts Hotel, das nicht ganz so luxuriös ausgestattet war wie das von Neumer. Neumer ergriff gleich die Initiative und begann zu erzählen. Sie hätten letzte Woche Heilungsabende im CCB gehabt, und der Geist hätte auf so wunderbare Weise gewirkt, dass Dutzende Menschen gesund geworden seien. »Ob sie denn wirklich krank waren?« Neumer schaute Ort fragend an. »Ob sie was?!« »Na ja«, Ort stockte etwas, ihm war das Gespräch unangenehm und er wollte eigentlich gar nicht so forsch den Zweifler spielen. Jetzt war es zu spät und so sagte er mit fester Stimme: »Wovon sind die Menschen denn gesund geworden?« Neumer verstand Ort immer noch nicht: »Von ihrer Krankheit, von was denn sonst?« »Die meisten hatten wahrscheinlich Kopfschmerzen, Rückenschmerzen und ungleichmäßig lang geratene Gliedmaßen, oder?« Neumer regte sich jetzt auf und verlagerte die Diskussion auf eine grundsätzliche Ebene: »Du glaubst wohl nicht an Heilung?«

Der Satz stand wie ein Urteil im Raum. Ort spürte die Distanz zwischen ihnen und wollte das Gespräch nicht weiter verschärfen: »Doch, ich glaube an Heilung. Aber ... ich glaube auch, dass Gottes Souveränität höher einzuschätzen ist als der Heilungswille mancher Menschen. Gott ist Gott und der Mensch ist Mensch. Und wenn es Heilung gibt, dann nur aus Gnade.« Neumer lächelte und erwiderte, dass Gottes Gnade zum Glück unermesslich groß sei und somit ja alle Menschen geheilt werden könnten. Ort fühlte sich nicht ernst genommen und überlegte, wie viele Menschen er kannte, die auf solche Weise nachweislich gesund geworden waren. Es fiel ihm niemand ein. Ein gutes Argument, dachte er, die Realität. Er gab die Frage sogleich an Neumer weiter, wie viele denn nachweislich und unter ärztlicher Kontrolle dauerhaft geheilt worden seien. Neumer wurde sauer und schaute Ort ernst an: »Du Zweifler, du Thomas, du traust Gott wohl gar nichts zu, was?« Jetzt wurde Ort ärgerlich und entgegnete: »Das hat nur am Rande etwas mit Zweifel zu tun.«

Ganz ausschließen wollte und konnte er es ja selbst nicht. Er war schon ein Zweifler und Grübler, und dafür hasste er sich. Ort konnte nicht verstehen, dass Menschen wie Neumer so unerschütterlich glauben konnten. »Das Wort«, Ort senkte seine Stimme bedrohlich, »das Wort Gottes spricht an keiner Stelle davon, dass alle Menschen körperlich geheilt werden.« Neumer, den diese Stimmlage an seine Kindheit erinnerte, fing an zu schwitzen. »Du hast die gute Nachricht Jesu ja gar nicht verstanden! Natürlich ist Jesus gekommen, um uns Menschen zu heilen. Und er ist derselbe gestern, heute und in Ewigkeit. Das bedeutet nichts anderes, als dass er die Kraft und den Willen hat, alle zu heilen.« »Warum tut er es dann nicht?« »Er tut es ja!« »Wo denn?« »Nur dass du nicht glaubst, heißt ja nicht, dass auch nichts passiert.« Wums. Das saß.

Ort wurde puterrot vor Zorn und Neumer war klar, dass er die Grenze überschritten hatte. Ort brüllte Neumer jetzt an und ging ihm dabei fast an die Gurgel: »Du willst also sagen, dass alle Menschen in meinem Umfeld gesund sein könnten, wenn ich nur genug Glauben hätte? Dass meine Scheiß Prostata ›im Glauben‹ schon lange geheilt ist?« Ort wich zurück, er hatte nicht persönlich werden wollen und nun bereute er seine Worte.

Neumer schaute betreten zu Boden. Ort kämpfte mit den Tränen. Die Spannung zwischen den zwei Männern lag wie Blei über ihnen. Sie saßen lange schweigend da. Die Stille tat gut, die Gedanken legten sich, wie Wasser sich beruhigt.

Dann durchbrach Ort die Stille und flüsterte: »Würdest du für mich beten?« (Faix, *Würde Jesus ...*, Seite 125–128)

Kann es sein, dass Jesus an eine solche Einheit der Christen dachte, als er betete:

> *Ich bete darum, dass sie alle eins seien, so wie du in mir bist, Vater, und ich in dir. So wie wir sollen auch sie in uns eins sein, damit die Welt glaubt, dass du mich gesandt hast. Ich habe ihnen die gleiche Herrlichkeit gegeben, die du mir gegeben hast, damit sie eins sind, so wie du und ich. Ich lebe in ihnen und du lebst in mir; so sollen auch sie vollkommen eins sein, damit die Welt erkennt, dass du mich gesandt hast und dass du sie, die zu mir gehören, ebenso liebst wie mich* (Johannes 17,21–23).

Damit dieses Gebet nicht unerfüllt bleibt, hier einige Tipps zur Förderung der Einheit:

Aktiv-Tipp 1

Jesus betet: ... *dass sie alle eins seien, so wie du in mir bist, Vater, und ich in dir* (Vers 21). Wir Christen sind durch eine Art »pneumatische Gemeinschaft«, also durch den Heiligen Geist miteinander verbunden. Egal in welcher Glaubenstradition wir stehen, von welcher Kirche, Denomination oder Richtung (katholisch, evangelisch, freikirchlich, pietistisch, charismatisch oder was auch immer) wir geprägt wurden, wir sind eins.

Falls bei euch unterschiedliche Prägungen vorkommen, sprecht über eure Glaubenstraditionen. Was hat euch geprägt? Wo sind die theologischen Eigenarten? Welche Bedeutung hat die Bibel, die Taufe, der regelmäßige Gottesdienstbesuch, die Mitarbeit in der Gemeinde, ethische Verhaltensweisen, die Gemeinschaft ...?

Falls ihr alle sehr ähnlich geprägt seid, sprecht über eure Vorurteile *und* die Vorzüge anderer gemeindlicher Ausprägungen. Was denkt ihr über die anderen? Mit welchen Ansichten oder Schwerpunkten anderer Denominationen geht ihr nicht konform? Was findet ihr herausfordernd oder gar inspirierend?

Aktiv-Tipp 2

Besucht gemeinsam den Gottesdienst der Gemeinde in eurer Umgebung, gegenüber der ihr die meisten Vorbehalte hegt oder von der ihr denkt, dass sie sich am stärksten von eurer eigenen Gemeinde unterscheidet.

Notiert euch nach dem Gottesdienst fünf Dinge, die euch gut gefallen haben und positiv aufgefallen sind. Sprecht das anerkennend gegenüber einem Verantwortlichen dieser Gemeinde aus.

Vielleicht teilt ihr eure Erkenntnisse später auch mit eurem eigenen Pastor oder Gemeindeleiter – um von eurer Nachbargemeinde zu lernen.

Aktiv-Tipp 3

Um die Einheit der Christen greifbarer und sichtbarer zu machen, ladet gemeinsam drei oder vier Christen einer anderen Gemeinde zum Kaffeetrinken oder Abendessen ein. Unterhaltet euch über eure Gemeindeerfahrungen: Was gefällt den anderen an ihrer Gemeinde besonders? Was könnt ihr von ihnen lernen?

Am Ende ein Anfang

Geschafft! Ihr habt zwölf Einheiten mit einer Menge Aktiv-Tipps durchgelesen, habt viel diskutiert und unternommen. Habt ihr immer den Aktiv-Tipp herausgesucht, der am besten zu euch passt? Oder eher den, der euch am meisten herausgefordert hat? Oder habt ihr im ersten Durchgang jeweils nur Aktiv-Tipp 1 praktiziert ... und deswegen zwölf weitere spannende Wochen mit Aktiv-Tipp 2 und 3 vor euch?

Egal – wir hoffen, dass ihr jede Menge umsetzen konntet und neue und spannende Erfahrungen mit Gott und den Menschen gemacht habt. Vielleicht wollt ihr in eurer Gruppe noch einmal abschließend über die vergangenen Wochen nachdenken und eine Art Fazit ziehen: Wie hat euch eure Gemeinschaft dabei geholfen, Neues anzupacken und zu erleben? Dankt Gott für hilfreiche Erfahrungen und Veränderungen.

So – das war sozusagen der vorletzte Aktiv-Tipp dieses Buches. Der letzte kommt jetzt: Vielleicht seid ihr total begeistert und wollt am liebsten noch weitere Aktiv-Tipps, die euch vom Hören zum Tun bringen. Vielleicht könnt ihr das Wort »Aktiv-Tipp« aber auch nicht mehr hören und habt erst mal genug von Veränderungen. Wir können beides gut verstehen!

Den eher Begeisterten wünschen wir, dass ihr euren Glauben hinein in den Alltag tragt. Wir sind begeistert von euch Christen, die nicht nur ihr Denken, sondern auch ihr Handeln von Jesus verändern lassen, die den Glauben wirklich leben!

Den eher Genervten gönnen wir etwas Erholung. Niemand muss sich permanent herausfordern lassen – Pausen sind schließlich auch eine nette Sache. Lasst es euch als Gruppe erstmal gut gehen, esst gemeinsam ... Und dann nehmt euch vor: Wir lassen uns wieder herausfordern! Wir wollen erfahren, wie Jesus sich unser Leben vorstellt, und losgehen und unseren Glauben leben.

Den weder total Begeisterten noch völlig Genervten wünschen wir, dass gute Erfahrungen euch weiter anspornen, Jesus mit aller Kraft nachzufolgen. Misserfolge scheinen dazuzugehören, das haben manche der Erfahrungsberichte gezeigt.

Wenn ihr Lust habt, schreibt uns, welche Erfahrungen ihr mit den Impulsen dieses Buches gemacht habt (www.neufeld-verlag.de/blog) – wir sind gespannt darauf, mitzuerleben, wie Christen losgehen!

Tobias Faix, Heiko Metz und Andreas Schuß

We proudly present ...

Wir haben es am Anfang ja schon erwähnt: An diesem Buch haben 23 Studierende des Marburger Bibelseminars (www.marburger-bibelseminar.de) und der Evangelischen Fachhochschule Tabor (www.tabor.de) engagiert mitgeschrieben, kreativ Aktiv-Tipps ausgedacht und mutig selbst probiert. Vielen Dank für eure praktische Unterstützung!

Marburger Bibelseminar
- Tim Allgaier
- Ruth Brakensiek
- Christine Franz
- David Gens
- Thien-Ha Le
- Siegmar Lindel
- Piero Scarfalloto
- Samuel Scheifling
- Marcus Thiel
- Anna Tröger
- Philipp Welker
- Josua Wintermann
- Daniel Wurm

Evangelische Fachhochschule Tabor
- Joachim Bauch
- Alexander Fischer
- Christine Hildebrandt
- Simone Muth
- Benjamin Morise
- Josua Richebächer
- Tobias Schade
- Jonathan Weidering
- Michaela Witty
- Tobias Zöllner

Die Zusammenarbeit von Studierenden und Dozenten dieser beiden theologischen Ausbildungsstätten in Marburg hat uns als Herausgeber begeistert. Dass wir dieses Buch *gemeinsam* erarbeitet haben, ist ein wunderbarer Aktiv-Schritt vom Hören zum Tun, frei nach Johannes 13,34–35!

Die Herausgeber

Dr. Tobias Faix, geboren 1969, ist Dozent am Marburger Bibelseminar und leitet dort das Studienprogramm Gesellschaftstransformation sowie das Forschungsinstitut empirica für Jugendkultur und Religion. Er ist Autor zahlreicher Bücher und Zeitschriftenartikel. Tobias Faix ist verheiratet mit Christine und Vater von zwei Töchtern.
(http://toby-faix.blogspot.com)

Heiko Metz, geboren 1978, verheiratet, ist Jugendpastor in EC und Evangelischer Gemeinschaft Bad Homburg. Außerdem unterrichtet er an der Evangelischen Fachhochschule Tabor und am Marburger Bibelseminar. Ab September 2009 ist er als Landesjugendreferent des EC in Bayern unterwegs.

Andreas Schuß, geboren 1971, war Krankenpfleger und ist Gemeindediakon mit Schwerpunkt Jugendarbeit und Gemeindeentwicklung in Bruchköbel-Oberissigheim bei Hanau. Außerdem studiert er Gesellschaftstransformation und ist Gastdozent am Marburger Bibelseminar. Als glücklicher Ehemann genießt er es, die schönen und irritierenden Zeiten, den Glauben und die alltäglichen Dinge gemeinsam mit Ivonne zu erleben.

Quellen und Literatur

Klaus Berger, *Jesus,* Pattloch, München 2007, S. 88

Tobias Faix, *Würde Jesus bei IKEA einkaufen? Herausforderungen zur ganzheitlichen Nachfolge.* Neufeld, Schwarzenfeld ²2008

Peter Lincoln, *Der Raum in mir. Erste Schritte auf dem Weg zur Stille.* Brendow, Moers 1997, S. 113

Johannes Reimer, *Die Welt umarmen. Theologie des gesellschaftsrelevanten Gemeindebaus.* Verlag der Francke-Buchhandlung, Marburg 2009, S. 92

Swen Schönheit, *Gemeinde, die Kreise zieht. Das Kleingruppen-Handbuch.* C & P, Glashütten 2008, S. 142

Ronald J. Sider, *Der Weg durchs Nadelöhr. Reiche Christen und Welthunger.* Aussaat, Wuppertal ⁵1992, S. 205

Jim Wallis, *Wer, wenn nicht wir? Streitbare Visionen für eine gerechte Politik.* Brendow, Moers 2007, S. 35

Wuppertaler Studienbibel, R. Brockhaus, Wuppertal, S. 327–328

Mehr zum Thema ...

Tobias Faix
Würde Jesus bei IKEA einkaufen?
Herausforderungen zur ganzheitlichen Nachfolge

Paperback, 128 Seiten, 2. Auflage 2008
ISBN 978-3-937896-61-8, Bestell-Nummer 588.661

»Ich kann mir kaum etwas Spannenderes und Schöneres vorstellen, als Jesus nachzufolgen. – Ich dachte, das ist ein toller erster Satz für dieses Buch. Und es stimmt. Meistens. Nun ja, wenn ich ehrlich bin, dann könnte ich auch schreiben: Manchmal frustriert es mich total, Jesus nachzufolgen. Das ist kein so motivierender erster Satz. Aber auch das stimmt. Manchmal. Jesus nachzufolgen ist auf alle Fälle spannend, aufregend und verändernd ...« Tobias Faix

Tobias Faix nimmt seine Leserinnen und Leser mit auf eine Reise, die eigenen Glaubenstraditionen zu hinterfragen, und wirft einen frischen Blick auf Jesus und seine gute Nachricht: Eine liebevolle Herausforderung!

»Es sind unbequeme, aufrüttelnde Texte – aber gerade darin den Evangelien so ähnlich. Nicht für Weicheier im Glauben!« Börsenblatt